圆桌对面的孩子
——无航道飞翔

鞠 慧 著

山东城市出版传媒集团·济南出版社

图书在版编目（CIP）数据

圆桌对面的孩子. 无航道飞翔/鞠慧著. —济南：
济南出版社,2020.6
（中国好少年金盾丛书）
ISBN 978 – 7 – 5488 – 4209 – 5

Ⅰ.①圆… Ⅱ.①鞠… Ⅲ.①青少年犯罪—案例—中
国 Ⅳ.①D922.183.5

中国版本图书馆 CIP 数据核字（2020）第 088051 号

中国好少年金盾丛书
圆桌对面的孩子：无航道飞翔 鞠慧 著

出 版 人	崔 刚	
图书策划	郭 锐	
责任编辑	丁洪玉	陈玉凤
封面设计	焦萍萍	
封面绘画	王桃花	杨如茵
内文插图	王桃花	杨如茵
出版发行	济南出版社	
地 址	山东省济南市二环南路 1 号（250002）	
电 话	（0531）86131730	
网 址	www.jnpub.com	
经 销	各地新华书店	
印 刷	山东省东营市新华印刷厂	
版 次	2020 年 7 月第 1 版	
印 次	2020 年 7 月第 1 次印刷	
开 本	150 毫米×230 毫米 16 开	
印 张	10	
字 数	104 千	
印 数	1—3000	
定 价	48.00 元	

法律维权 0531 – 82600329
（济南版图书,如有印装错误,可随时调换）

这不是一张普通的圆桌（代序）

李厥瑞

　　鞠慧女士是一位非常有责任感的作家，她长期从事青春文学的创作，佳作颇丰，屡获大奖。在第21个"世界读书日"，鞠慧女士代表济南市作家协会向山东省在押的未成年犯赠送了自己的作品，并且发表了热情洋溢的讲话，鼓励未成年犯好读书，读好书，展现了一位作家的爱心和良知。她曾赠送我两本书，一本是《丁香季》，一本是《幸福列车》。细细品之，萌动的青春气息扑面而来；幸福的烦恼，叛逆的躁动，活跃于灵动的文字间；"心理断乳"形成的暴风骤雨，成长的阵痛，令人回味思索。为青春讴歌，为明天唱响，正是时代的最强音！

　　然而，人类历史再灿烂，未来再梦幻，一块伤疤仍然隐隐作痛，因为文明需要付出代价，美丽需要丑陋作为背景。历朝历代都有消灭犯罪现象的企望，但犯罪如影随形，特别是未成年人犯罪问题正成为世界性公害。

作者第一次涉足犯罪题材，没有猎奇探秘，没有渲染夸张地去博眼球，没有功利地生编硬造、捕风捉影，而是以"圆桌"为基点，以真实的事件和人物，接入"地气"，深度思考，以小见大，剥茧抽丝，从感性入手，以理性升华。在当下泛滥的学术浮躁和空虚之中，作者能真正俯下身子，踏踏实实地做一件实实在在的事，一件对预防未成年人犯罪有益的事，也是一个作家的情怀使然。

"圆桌审判"是现代少年司法制度的重大改革，在公诉庭审过程中，公诉人、审判人员、法定代理人、指定辩护人与未成年被告人同坐一圆桌，控、辩、审三方与未成年被告人进行"零距离"对话，以缓解未成年人参与刑事审判的恐惧和抵触心理。未成年人犯罪与成年人犯罪的显著不同在于，未成年人的犯罪归因多源于客观，而成年人主观故意居多。未成年人之所以犯罪，管教监护责任的缺失是重要因素。而成年人犯罪，则往往是咎由自取。输在起跑线上，固然可悲，但跌倒了爬起来，后来也可以居上。对未成年人犯罪宽容而不纵容，对犯罪的未成年人最大可能地予以司法保护，是经司法实践证明的最有效模本。"圆桌审判"一改法庭森严的压力，使审判动之以情，晓之以理，导之以矩，不失法律的严肃，体现人文关怀，保护未成年人的权益，代表刑事诉讼的文明方向。小小圆桌上的话题，个个都是沉重的，作者以"新闻眼"敏锐地观察到了其中蕴含的精神动能，特别是警示的震撼力，她以自己的所见、所感、所悟，用纪实文学的手法，将文学欣赏和法制教育融合在一起。那一个个活生生的案例，不论是对青少年还是对家长、对社会，都有很好的警示和教育作用。开卷有益，令人耳目一新，入心入脑。

这是一部关于未成年人犯罪问题的文学力作，作者以女性的细腻洞察力，对 16 个案例进行了透彻分析，语言生动，脉络清晰。更重要的是，书中融入了作者对下一代健康成长的关爱和责任，看似冷冰冰甚至血淋淋的事件，读起来却有温度，令人有一种使命般的担当冲动。

未成年人犯罪都是"因小失大"酿成祸患，看似很小的一件事情，却可能引发"轩然大波"。仅仅是怀疑别人盗东西，便去网上"人肉"搜索，使舆论旋涡中一个花季少女从九楼跳下；为了一双红色高跟鞋，满足虚荣之下的贪婪，女孩伸出纤纤细手沦为盗徒；不堪打骂，惊梦之后，儿子杀死酒鬼父亲……这些案件的背后，是社会、家庭、学校，文化、教育、管理等方面的种种缺失，孩子"欠"别人的，我们却"欠"了孩子的。

　　党和国家高度重视未成年人的犯罪问题，社会各界在犯罪防范方面做出了不懈努力和积极探索。习近平总书记指出，十年树木，百年树人。祖国的未来属于下一代。做好关心下一代工作，关系中华民族伟大复兴。我们期待明天会更好！为下一代的健康成长做一点事情，正是你我他的共同担当。

　　我为作者的真诚与用心所感动，因为我们做的是同一件事情，我们的前进方向是同一个目标。所以，我才拿起了笔，算是为作者鼓与呼吧！

　　（李厥瑞，山东省未成年犯管教所所长，山东省法学会青少年犯罪研究会副会长）

前 言

每参加完一次少年审判法庭的庭审，我的内心都无法平静，脑海里来来回回翻滚的，是一张张孩子的面孔。

每个孩子脸上的表情各不相同，或茫然，或羞怯，或悔恨，或无所谓。而那些家长，木讷、愤恨、心痛、无奈、伤心……各种各样描述不清的表情与心境。

每一张面孔后面，都有一个不该发生的令人心痛的故事。那些面孔和那些不该发生的故事，像电影一样在我眼前上演。谁是这个片段的主角？谁又是另一个片段的主角？每一个孩子，他们生长在怎样的家庭，他们成长的轨迹，他们的长相，在我脑海里都清清楚楚，从来没有被混淆过。

生活中，我是一个有中度脸盲症的人。之前曾经见过的人，可能是一起开过会、一起吃过饭的人，等到下次再相遇的时候，我却记不起对面微笑着打招呼的那个人到底是谁，我们到底何时在何地相见、相识。有时，我甚至觉得对面的那张脸，完完全全是陌生的，脑海里对其没有半点印象。为此，我常常很尴尬，也很苦恼。久而久之，我在公众场合便不太敢与别人对视，怕跟眼前这个人曾经有过交集，自己却完全把他当成陌生人，这是很不礼貌的。

不知道为什么，圆桌对面的那些面孔，虽然只是一面之交，虽然和他们相处的时间很短暂，但他们的面孔却深深地印在了我的脑海里。那一张张看起来或羞怯或平静或无助或茫然或无所谓的稚嫩面孔，就在眼前。连我自己都感到奇怪，公认的记性不好的我，在对待圆桌对面的那些孩子时，为什么突然就有了这么好的记性呢。

这套书，都是真实案例。刚开始写的时候，我想写20个案例，把20个不同事件告诉大家。有时我会想，但愿永远也不要有这20个，哪怕我是法官，哪怕我会失业，也不要有这20个。然而，现实是残酷的。短短几年时间，我的庭审笔记本就满得难以再盛下任何文字，就如我的心一样。

为了更好地了解这些孩子的成长经历和心路历程，我申报了中国作家协会定点深入生活项目。很荣幸，这个选题成为当年山东省作家协会向中国作家协会申报的定点深入生活项目中，唯一一个获得中国作家协会专家评选后审批立项的选题。之后，经过各种周折，在一位有三十多年未成年犯管教经验的王长征警官的支持和帮助下，我顺利地进入山东省未成年犯管教所，开始体验生活。

案例的书写过程，也是我对一个个失足少年的所作所为进行回忆梳理的过程。那些稚嫩的面孔，在我的脑海中穿梭。我的心情，便再也无法平静。

我从未如此痛苦地去写一本书。

但我想，如果这本书能够引起曾经走过弯路的孩子的思考，能够让正在学走路的孩子，不再像这些孩子一样跌倒，那这一切就都是值得的。

我们的这些孩子，这些不幸坐在圆桌对面的孩子，原是阳光一样的花季少年，本该在知识的海洋里愉快地徜徉，在社会和家庭中感受爱与温暖，在父母的呵护下愉快地成长。他们就像田里的小苗，接受阳光、雨露的滋润，理应幸福快乐地茁壮成长。

可是，这些孩子却不幸来到了这里，来到了少年审判法庭，坐在了圆桌的对面。尚显稚嫩的双手，被冰冷的手铐牢牢地铐住。孩子，这不是你想要的，也不是你的父母亲朋想要的，就连我们这些素不相识的人，也同样不想看到你这样啊！

残酷的现实，任何人都无法更改。除非，在事情发生之前，你能正确地认识社会，认识朋友，认识自己；在做那件事之前，你能想到后果，想到将来，想到自己的人生之路。

于是，我就想把这些孩子的足迹记述下来，让他们回过头来好好看看，自己到底是在哪一段路上，误入了歧途。同时，也让这些孩子的家长、老师想一想，自己是在哪里，在孩子最应该得到呵护和关爱的时候，没有好好地保护他们。此外，也想让更多正在学走路的孩子少走偏路、弯路，让他们知道，前方的路应该如何去走，才不会跌倒。

即便是成年人，在人生的道路上，也难免会有一刹那的迷失，更不用说孩子了。那一桩桩案例，那一个个与鲜血和泪水糅在一起的事件，到底为什么发生？是因为孩子的无知、好奇、冲动、顽劣，还是因为家长和学校的关爱不够、沟通不畅、措施不当？

希望这些活生生的流淌着血与泪的案例，能让孩子们在即将迷失的一瞬间，猛然惊醒，重新走回正确的人生之路上来。

任何疾病都是可以预防的，犯罪，也是一种病。

在本书的采访、写作及出版过程中，我有幸得到了山东省未成年犯管教所、山东省女子监狱、山东省法学会青少年犯罪研究会、中国作家协会、山东省作家协会、济南市作家协会、济南市中级人民法院、济阳区人民法院及济南出版社的领导、朋友们的大力支持和帮助。在此，一并致谢！

鞠慧

2020 年 5 月

目录

黎超扬档案：

黎超扬，男，身高 1.80 米左右，体形健壮。初中二年级辍学后，跟一帮"朋友"混在一起，学做生意。2017 年 7 月 15 日，黎超扬因寻衅滋事，被检察机关提起公诉。案发时，黎超扬 17 岁零 4 个月。

一组单词的几种译法

关键词：

辍学　盲从　寻衅滋事

案件回放：

黎超扬辍学后跟一帮他以为很厉害的哥们儿混在一起。村主任梁某的一句玩笑话，惹到了黎超扬的哥们儿。他们借着酒劲，跑到梁某家，对其家人及财物肆意打砸，导致梁某家多人受伤，财产损失严重。他们的行为，在当地影响极为恶劣。梁某报案后，公安机关将黎超扬及其同伙抓捕归案。侦查结束后，被告人黎超扬等人涉嫌寻衅滋事罪，被检察机关提起公诉。

一

这是一起普通的寻衅滋事案，事情的起因很简单。

黎超扬和他的几个哥们儿一起喝完酒后，开车到村里找朋友玩。

他们把车停在村头，五个人下了车，挎着胳膊搂着肩，在街上一字排开，说笑着一起往大哥的朋友家走去。

刚走没几步，迎面走来一个男人。五个人中的一个，冲走过来的男人吼了一声，然后用力踢起了脚边的一颗碎石子。

碎石子在男人脚边落下，男人也冲他们吼了一声。

五个人说笑着，继续往前走。走近了，大哥认出来了，过来的男人是村主任梁某。梁某也认出了大哥。他们早就认识，还曾在一起喝过酒。

梁某走过来，拍了拍大哥的肩膀，用开玩笑的口吻说："中午喝得不少啊，还认得路不？"

如果是在平时，大哥应该不会说什么，毕竟他跟梁某认识也不是一天两天了，而且梁某这句话并无恶意。不过这天大哥喝了太多酒，梁某开玩笑的话，他觉得不顺耳。他一下站住，瞪着眼睛看着面前的梁某说："我喝多少跟你啥关系啊，我又没喝你家的酒。"

梁某见他眼睛发红，就没跟他一般见识。虽然不在同一个村子里生活，但这五个人的德行，梁某也是很清楚的——他们总是横着走路，附近村的人见了他们，都远远地躲着。梁某有事要忙，没闲工夫招惹他们，于是没理会他们，继续往前走。可大哥手下的一个人不干了，

他一步跳到梁某面前，挡住了他的去路："老头，你想咋样，晚上想请哥们儿几个喝一顿吗？"

梁某想推开他，继续走路，没想到呼啦一下被五个人围了起来。他们并不知道，梁某是干过武警的。见这几个人把自己围起来，梁某有些生气。他运足一口气，挥动双臂，几下就扫开了一条路。

梁某并不想跟这些喝多了酒的小孩子一般见识。黎超扬他们五个人站在路中间，还没反应过来是怎么回事，梁某已经不见踪影了。

黎超扬的大哥越想越生气，借着酒劲，他们五个人一起跑到梁某家，肆意打砸起来。

后经公安机关确认，黎超扬及其同伙先将梁某家的窗玻璃和汽车玻璃砸碎，又将梁某儿子、妻子的头部打伤，并将其儿媳的腰部打伤，致其肋骨多处骨折。

梁某把黎超扬及其同伙告上了法庭（黎超扬的同案犯另案处理中）。

二

坐在被告席上的黎超扬高大健壮，身高 1.80 米左右。黑色短袖圆领衫外裸露的双臂肌肉隆起，右小臂上有一串黑色文身图案。

以往在法庭上，也常看到被告文在手臂、胸口或手背上的图案，一般文的都是龙、虎、雄鹰等动物，也有文喜欢的人的名字的。

黎超扬手臂上文的，是一串英语。隔着不大的审判桌，我试图看清他手臂上文的到底是什么字，但因为那行字是斜着的，一直也无法完全看清楚。

"No pain，no……"我能看到的，只有这几个单词。"没有痛苦，没有……"后边的单词，到底是什么呢？我在心里猜来猜去，却猜不出后边的单词到底是什么，便也无法猜出那是一句怎样的话。

黎超扬为什么没有文他这个年纪的人经常文的动物或人名，而是把一句英语文在了手臂上呢？

紧随黎超扬进入法庭的，是他的母亲，一位剪着齐耳短发的瘦小女人。她身高 1.55 米左右，长相普通，穿着干净平整的白底小蓝花上衣，纽扣一直扣到了脖子底下第一颗。她的脸色看似平静，但仔细观察她的眼角眉梢，仍能发现掩不住的隐隐伤痛与愁苦。

一起出庭的辩护人，是一位三十多岁的男性，微胖，面色红润，穿着蓝色牛仔裤，条纹 T 恤衫。他是黎超扬的姑父。

黎超扬的爸爸呢？他为什么没有来？我悄悄地在心里打了个问号。

在法庭调查中，面对公诉人的指控和审判长的讯问，黎超扬没有他这个年纪的不安、恐慌和不知所措，对答如流，极具条理。他的目光没有任何躲闪，就那么直视着与他对话的人，眼角眉梢偶尔还会现出些许笑意。

这样一个身强体壮、思路清晰的孩子，为什么在初中二年级的时候，选择了辍学呢？

也许正是因为他过早地进入了社会，所以他的人生轨迹才偏了。在我接触到的未成年犯中，这样的情况占了大多数。

三

因为该案件的参与人数和证人证言较多，到了中午休息时间，庭审的第一部分"犯罪事实调查"还没结束，之后的"法庭辩论"和"量刑部分"需要多长时间更无法确定。审判长知道一时半会儿审理不完，就宣布暂时休庭，下午两点继续开庭审理。

黎超扬被法警带出审判庭的时候，我曾试图看清楚他文在小臂上的单词到底是什么。可是，他站起来的速度很快。随着他起身，他的母亲也站了起来。他低头对母亲说了一句什么，这个在法庭上一直没有说话的瘦小女人，站在儿子旁边，肩膀恰巧挡住了儿子的手臂。

法警带着黎超扬走出法庭，他的母亲和姑父跟到门口，止住了脚步。透过走廊的玻璃门，他们看着法警把黎超扬带上警车，然后才慢慢地转过头，朝走廊的另一头走去。

我仔细看了一眼黎超扬的母亲，她的脸上写着淡淡的悲伤。我听到黎超扬的姑父说了一句："走吧，咱们出去吃点饭吧。"

黎超扬的母亲没有说话，她似乎犹豫了一下，最后还是跟在黎超扬的姑父身后，慢慢地朝安全门走去。

一高一矮两个背影拐过楼角，不见了。那个问号突然又冒出来：黎超扬的爸爸呢？在黎超扬接受审判的特殊时刻，他在哪里呢？

就餐时间已过，餐厅里空荡荡的，放眼望去，除了桌椅，还是桌椅。我心中不由得也有些空空的，每次参加少审开庭，心里总是有种说不出的滋味。面对不一样的案件和当事人，我心里有时满得像是塞满了杂草，而有时又会空得让人想把草坪里的草扯一把塞进来。

"看这孩子很聪明的样子啊，为什么那么早就不上学了呢?"我忍不住想向审判长了解一下这个男孩的情况。在以往的类似案件中，被告人也大多没上完初中，他们辍学的原因各种各样：家庭残缺，父母不重视教育，玩游戏上瘾导致厌学，基础没打好学习跟不上，遭受校园暴力或实施校园暴力……黎超扬为什么辍学呢?

审判长拿着筷子的手停在半空中，目光似乎落在了筷子的顶端。他就那么定定地看着，好久没有说话。就在我以为审判长不会就此事发表言论的时候，他重重地叹了口气，然后说："这孩子，要是走他应该走的路，现在肯定在县一中的实验班里学习呢!"审判长说完这话，没有看我，也不再说什么，只是低头继续吃饭。

从审判长的话里，我猜在学校的时候，黎超扬的学习成绩一定是很不错的。否则的话，他不可能考进县一中，更不可能进实验班。

在我接触到的案例中，被告人辍学大多是因为学习成绩差。而这个黎超扬，却是一个例外。

学习成绩不错的黎超扬，如果顺着初中到高中这条路一直走下去的话，进入大学应该是没什么问题的。可是，他为什么在初二的时候，就选择了辍学呢?

四

下午，开庭时间到了，监护人的位置坐了一个穿灰蓝条纹 T 恤衫、中等身材的男人。那是上午开庭时黎超扬妈妈坐的位置。他不看黎超扬，也不看圆桌周围的任何人，注意力全部集中在自己的手指上，好像指尖有一根需要拔出的刺，或是盛开着一朵奇妙的花。他专注地看着，像是在研究，又像是在欣赏。周围的一切，好像都与他无关。

男人是黎超扬的爸爸。

我奇怪他上午为什么没有出现在这里。随着走廊上传来一阵幼童的哭闹声，黎超扬爸爸的目光从指尖移开，瞟了一眼我们，然后不紧不慢地说："他妈下午不过来了，那个小的又哭又闹，我看不了。"说完，他把脸朝向天花板，好像指尖那朵花，不知何时飘到了天花板上。

望着对面那张漫不经心朝向天花板的面孔，我有点捉摸不透，这位以父亲的身份出现在儿子庭审现场的男人，此时是怎样的心情。以往在这里看到的那些父母，或伤心欲绝，或痛苦不堪，或担心，或无奈。而像黎超扬爸爸这样的监护人，我还是第一次见到。

上午未完成的犯罪事实调查继续进行，整个过程中，黎超扬的爸爸几乎没什么表情，如果说有什么不一样的话，那就是他看天花板的方向，由正上方转为斜上方。

法庭调查结束后，根据被害人的陈述和被告人的供述，该案事实清楚，证据确凿充分，黎超扬犯寻衅滋事罪。对此罪名，控辩双方均表示无异议。

当庭审进行到处理赔偿问题的环节时，被告的监护人一般都会积极进行赔偿，因为他们知道，只有获得了原告方的谅解，量刑时自己的孩子才会有减轻情节。

本以为这个案件也会如此，尽管被告人的爸爸和别的被告人家长有点不同，但我相信，没有哪个爸爸舍得自己的孩子被重判。几乎所有的父母，都会尽最大努力，去减轻自己孩子被重判的可能。

可是，黎超扬的爸爸却是一个例外。

五

原、被告双方都同意调解。

"说实话，我们也都年轻过，也有过冲动，有过做错事的时候。这孩子还小，未来的路还很长，我也不想过分为难他。这么着吧，今天，我就看你们家长的态度吧。"原告语调平和地对被告的监护人说。

原告说这话的时候，黎超扬转过头，目光落在原告的脸上，直到原告把话说完，他才把目光轻轻移开，然后慢慢地低下了头。

听了原告的话，我在心中默默地给他点了个赞。在自己家人受到伤害的情况下，还能替这个孩子的未来考虑，原告确实是一个心胸宽广的人。

原告方律师告诉被告人，原告方主张的赔偿金额是31573元。

听到这个数字，黎超扬爸爸盯在天花板上的目光稍稍往下落了落，然后冷笑一声："三万多，我没钱赔你。"

"你觉得多少合适？"审判长耐心地问。

"我觉得不应该拿钱。"

听了黎超扬爸爸的话,我们一时愣住了。在以往的调解中,我们还从未听到过这样的回答。

"你家孩子犯了事,你竟说不应该拿钱?!"原告显然被这话激怒了,质问黎超扬的爸爸。

"黎超扬是去你家了,可是他没动手啊。你家窗户玻璃不是黎超扬砸的吧?车玻璃也不是吧?你家里人的伤更不是黎超扬打的。凭啥让俺家拿钱?"黎超扬爸爸理直气壮地说完,用力撇了撇嘴。

"听你这么说,好像你家孩子啥事都没有,是吧?那他到这里来干啥?"原告显然很生气。

"哦,他就是跟着别人到你家去了一趟,啥都没干。再说了,他已经在拘留所待了四个多月,这还不行吗?"黎超扬爸爸的脸上,竟然是一副很冤枉的表情。

黎超扬爸爸说这话的时候,身边的黎超扬一直低着头,自始至终都没有看他一眼。

原告气得站了起来。

审判长示意原告坐下,让他有话好好说。

"我看孩子年轻,不想过分为难他,本着救他的想法,才同意调解的。你作为他的父亲,既然都这么说了,那咱们也没必要调解了,就让法院判决吧。"原告收拾着桌上的材料,就要离开。

审判长和两个陪审员都极力挽留原告和他的律师,希望能调解成功。黎超扬还是未成年人,我们都不想让他因为这件事被判重刑。如果调解成功,原、被告双方即可握手言和,做到案结事了;如果调解不成功,双方心里那个结，可能就很难再解开了。原告在我们的极力挽留下，重新坐了下来。

<h1 style="text-align:center">六</h1>

"你也知道，那天晚上，他们把我妻子、儿子和儿媳都打伤了，我儿子是伤得最轻的一个。考虑到你家孩子年龄小，在这件事上过错也不是太大，我妻子和儿媳的伤没有让你儿子赔偿啊。我对你们已经做出很大让步了，还能咋样？"原告说。

"我孩子没砸东西，也没打人。他都在里边待四个多月了。"黎超扬爸爸又在重复刚才的那些话。

"刚才说过的，就不要再重复了。"审判长对黎超扬爸爸说，"事情已经这样了，你就应该说句痛快话。挽救你的儿子，不也是挽救你的家庭吗？"

"你们也知道，他那天晚上啥都没干——"黎超扬爸爸又想重复刚才的话，被审判长摆手制止了。

"教育不好孩子，你这做爸爸的肯定也有责任吧，而且应该负主要责任。"审判长说。

黎超扬爸爸从鼻孔里哼了一声，很不屑的样子。

"他没责任？你问他，他儿子今年春节有没有在家里过节？连春节都不回去过，跟那帮人混在一起——"原告对审判长说。

原告的话被他的律师打断了："咱们不说那个。"律师摆了摆手。

原告没有再说下去。

"这样吧，我替原告做个主。我们主张的赔偿金额是三万一千多，考虑到你家的情况，给你从中间折一下，一万五，这样总可以了吧？"原告的律师站起来说。

我松了一口气，以为这下应该能调解成功了。黎超扬此时把目光投向爸爸，眼睛里满是期待。

黎超扬爸爸没有说话，眼睛依然望着天花板，然后轻轻地摇了摇头。

黎超扬眼睛里的光暗了下去，紧紧握在一起的双手，在桌面上微微抖着。他低下头，用力咬住了嘴唇。

围绕赔偿问题，控辩双方开始了无休止的争论。坐在被告人席上的黎超扬，大多数时候只是低着头，眼睛盯着面前的审判桌。他偶尔抬起头，也不看身边的爸爸，而是匆忙瞥一眼审判长，又把头低下了。庭审仍在继续，却一直没有进展。黎超扬眼睛里的光，也越来越暗淡。后来，他的头一直低着，再也没有抬起来。

"在这个节骨眼上，孩子正是需要拉一把的时候。我们这些人，为啥这么费力地给你们调解，还不都是为了孩子？现在你不拉他一把，他的人生之路可能就会改写。"另一位陪审员是做了多年政法工作的老同志，他对黎超扬的爸爸说。

"我没钱。他在里边待了四个多月，这四个多月，就算在建筑工地搬砖，少说也得挣一万块钱吧。"黎超扬爸爸说完这话，没看任何人，站起身朝门外走去。

调解陷入僵局，但我们心中还是抱有希望。毕竟黎超扬在这起案件中过错比较小，且系初犯、偶犯，他还年轻，未来的路还很长；原告主张的赔偿数额不大，而且又做了很大让步。如果被告方认错态度诚恳，我们再努力做做工作，让原告再适当做出让步，也不是不可能。从庭审的交流情况来看，原告还是比较通情达理的一个人。

我对辩护人，也就是被告的姑父说："赶快出去再跟你大舅哥和大舅嫂子商量一下，利害关系不用我们讲，反正你也都知道。如果今天调解不成，那可真是不应该。"

辩护人有些无奈地笑了笑，出去了。

我们都期待调解能有一个好的结果，可辩护人再回来的时候，一脸无奈："我已经做了最大努力，他们最多出四千块钱。"

原告一听，有些生气："既然没诚意，那就没必要再浪费大家的时间了。凡事总得有个底线。"

原告不顾我们的挽留，走出了审判庭。

七

原告的律师也想跟原告一起离开，我们大家极力挽留他，就差动手去拦他了。律师最终留下了，可他不坐，就那么站在审判桌前，一副随时要走的样子。

此时的黎超扬，与上午开庭时判若两人。他两只手十指相扣，紧紧握在一起，也许是长时间用力过大的缘故吧，指关节变得惨白。他始终低着头，我看不到他的脸，更看不到他的表情。他尚未完全成熟的内心，此时是悔还是痛？但愿不要落下恨的种子吧！想到这里，我的心里忍不住痛了一下。

审判长眼看着调解就要失败，也有些着急。他对原告律师和辩护人说："你们看这样行不行，我替你们双方做一回主，一万块钱，谁也别再往上加了，也别往下减了。"

原告律师想了想说："审判长既然这样说了，我再自作主张一回，我们再让出这一步。如果我的当事人不同意，我负责做他的工作。"

看到辩护人坐在那里不表态，我们一齐催他快去商量。他犹豫了一下，站起来往外走，一边走一边说："一万，怕是也不好说。"

我们都觉得不可思议，这一万块钱可是关系到孩子的将来啊。

辩护人不一会儿就回来了，果然，被告人的父母，主要是他的爸爸，坚决不同意这一万块钱的赔偿。

面对我们不解的目光，辩护人说："你们不知道啊，他家里确实没钱。唉，他家里若是有钱的话，扬扬这孩子也不会想方设法地挣钱了。"

调解以失败告终。

被告黎超扬被法警带出法庭，脚镣细碎清脆的撞击声渐渐消失在走廊尽头。

黎超扬被两名法警架起胳膊，准备带出去的一刹那，我看清了那行字：No pain，no gain. 我试着翻译了一下，应该是"爱拼才会赢"或"一分耕耘，一分收获"。"没有痛苦，就没有收获"，这是一句多么励志的话呀！

可是，他拼的到底是什么呢？他这个年纪的孩子，到底应该拼什么呢？黎超扬心中是否知晓呢？

八

辩护人一边等着在庭审记录上签字，一边忍不住叹气道："唉，这孩子本来是一个好孩子，从小又听话又懂事。我结婚那年，他才七岁。过年的时候，我给几个孩子每人十块钱的压岁钱，别的孩子转眼都买了吃的，还没回到家，那些吃食就全进了肚子。只有扬扬这孩子，拿着十块钱，一个人跑到镇上，给他妈妈买了一副棉手套。他妈妈整天干活，每到冬天手就跟冻萝卜似的，裂开一道道血口子。"

"黎超扬为什么退学，他本来成绩挺好的，对吧？是家里不让他读了吗？"我忍不住问。

"那倒不是，是他自己要退学的。他的成绩在班里一直是前三名呢。"

"那他为什么要退学呢？"

"他家本来就穷，去年春天又添了个小的，日子就更难了。你们也看到了，刚才在外边哭闹的那个孩子，就是黎超扬的弟弟。黎超扬听一个朋友说干烧烤能挣钱，就不想上学了，想跟几个朋友干烧烤。当时他妈妈不想让他离开学校，可是没劝住他。他爸爸巴不得他能挣点钱回来呢，也就任他退学，任他在外边混。你们不知道，他跟的那几个人，都不是啥正经人！他爸爸整天除了喝酒就是打麻将，从来也没出去打过工。孩子跟了不靠谱的人，他也不管。"

"他为什么不出去打工？身体有毛病？"

"没啥毛病，他就是懒。为了今天开庭的事，昨天我给他打电话，他当时正在打麻将呢。"

听到这里，我们实在不想再问下去了。

儿子开庭的前一天，他还在忙着打麻将。这就是黎超扬的父亲，他的监护人！

庭后絮语：

庭审暂时结束了，但这个案件中的人和事，却时时在我眼前浮现，挥之不去。

此案中，黎超扬的爸爸确实不是一个称职的父亲。他懒惰，好逸恶劳，整天游手好闲。

综观黎超扬爸爸的所作所为，不难看出，这是一个对家庭、对孩子极度不负责任的男人。他不出门打工挣钱，不管家里的事，即使儿子的案子第二天就要开庭，亲戚都着急了，他依然稳稳地坐在麻将桌前。

作为儿子的法定监护人，如果他能对原告进行适当的赔偿，取得原告的谅解，法院在量刑时，就会做出减轻处罚的决定。

然而在他看来，儿子的未来和命运，远没有那万把块钱来得更实惠。在原告一再让步的情况下，他依然坚持不做赔偿。即使审判长、陪审员等人轮番上阵，动之以情，晓之以理，他依然无动于衷，致使黎超扬的量刑减轻情节丧失。

不难看出，黎超扬的母亲是一位勤奋、善良、本分且懦弱的女性。对丈夫的所作所为，不知她是否抗争过，但现实是她始终没有改变那个男人。

对于儿子黎超扬，她应该是心存愧疚的吧。儿子本来学习成绩一直不错，却一心想通过自己的努力，改变家里的经济状况。心智尚不完全成熟的儿子做出辍学的决定时，作为母亲的她，不知做了怎样的说服工作。在这个环节中，她同样是一个失败者。

在无力改变丈夫和教育好大儿子黎超扬的情况下，她竟然又生了一个小儿子。但愿小儿子的成长轨迹，不要重蹈哥哥黎超扬的覆辙。

作为本案中的被告，黎超扬在整个案件以及之前的成长过程中，也存在很多问题，负有不可推卸的责任。

黎超扬应该知道，他这个年纪的孩子，应该在学校好好读书，而不是离开学校，跑到社会上去赚钱。不要说他没经验不可能赚到很多钱，就算他真的赚到了钱，但失去了受教育的机会，他的将来也不可能有多大希望。

如果黎超扬不急着离开学校，不急着赚钱，而是跟他的绝大多数同学一样，继续在学校里好好学习的话，将来会考上大学，然后找一份合适的工作，挣钱养家，一点也不迟。然而遗憾的是，他一步走错，接下来步步走错。

黎超扬年幼，阅历浅，对人对事很难做出正确的判断，所以当他那个所谓的朋友告诉他干烧烤可以挣大钱时，他相信了。慢慢地，他就融入了那个团伙，甚至连过春节都不回家了。这也为他参加那天的打砸埋下了隐患。

黎超扬所走的路，也正是不少未成年犯走过的路：辍学，步入社会，然后误入歧途。

案发后，在公安机关对其进行电话传唤时，他本来及时去了派出所，并说明了情况。但是后来，在他那位朋友的怂恿和资助下，黎超扬竟然跑到了云南，后被抓获归案。黎超扬也因此失去了量刑时主动投案自首的减轻情节。

《中华人民共和国刑法》第十七条规定：已满十六周岁的人犯罪，应当负刑事责任。

（一）已满十四周岁不满十六周岁的人，犯故意杀人、故意伤害致人重伤或者死亡、强奸、抢劫、贩卖毒品、放火、爆炸、投毒罪的，应当负刑事责任。

（二）已满十四周岁不满十八周岁的人犯罪，应当从轻或者减轻处罚。

（三）因不满十六周岁不予刑事处罚的，责令他的家长或者监护人加以管教；在必要的时候，也可以由政府收容教养。

《中华人民共和国刑法》第二百九十三条规定：有下列寻衅滋事行为之一，破坏社会秩序的，处五年以下有期徒刑、拘役或者管制：

（一）随意殴打他人，情节恶劣的；

（二）追逐、拦截、辱骂、恐吓他人，情节恶劣的；

（三）强拿硬要或者任意损毁、占用公私财物，情节严重的；

（四）在公共场所起哄闹事，造成公共场所秩序严重混乱的。

纠集他人多次实施前款行为，严重破坏社会秩序的，处五年以上十年以下有期徒刑，可以并处罚金。

此时的黎超扬，对自己的所作所为，对所谓的朋友，对父母，不知会有怎样的反思。如果可以重来，他是否还会选择离开学校，匆忙地步入社会呢？

每个人都没有办法选择自己的父母，但都有权利选择自己要走的路。

弥辰赫档案：

弥辰赫，男，身高 1.79 米，体形匀称健壮，长方脸，五官端正。案发时，弥辰赫 17 岁零 1 个月，高二在读。

隧道内的疯狂

关键词：

飙车　事故　危险驾驶

案件回放：

尚未满 18 周岁的弥辰赫，因为达不到法定驾驶年龄，不能考取驾驶证。一次失意后的驾驶，让弥辰赫迷上了驾驶，迷上了飙车。一有机会，他就偷偷地把家里的车开出去。

在市快速内环隧道内，弥辰赫飞速行驶，频繁变道，随意超车，时速超过限定时速的 70%，上演了现实版的"速度与激情"。当他又一次超速变道时，他驾驶的车与两辆同向正常行驶的车发生碰撞，其中一辆为载有 30 多位游客的大巴车。事故造成 5 人不同程度受伤，隧道拥堵两个多小时。检察机关以危险驾驶罪，对弥辰赫提起公诉。

一

坐在被告席上的弥辰赫，不停地调整着自己的坐姿。如果不仔细观察，根本看不出他在动，但他确实在不停地动来动去，很不安的样子。他的脸上挂着类似愧疚、悔恨的表情。时不时地，他会发出一声压抑的叹息，很轻微，却让人感觉无比沉重。单从弥辰赫的表情来看，这应该是一个沉稳、安静又比较理性的男孩。实在想象不出，面前这个男孩，竟然会做出如此疯狂的举动。

作为弥辰赫的法定监护人，他的爸爸妈妈一起参加了庭审，并为弥辰赫聘请了律师进行辩护。

离开庭还有半个多小时，弥辰赫的爸爸妈妈就提前来到了法院，守在门前，等待开庭。

弥辰赫的爸爸妈妈脸上都写满焦虑、不安与内疚，但他们没有让自己的情绪完全表露出来。在这个地方，我见过太多的父母与孩子抱头痛哭，或对孩子进行追打和责骂等。弥辰赫的爸爸妈妈什么也没说，什么也没做。他们看上去并不像大多数来到这里的爸爸妈妈。

弥辰赫爸爸是一名公务员，工作积极肯干，平易近人，但有一个缺点，就是爱喝酒，而且经常喝醉。听说，弥辰赫爸爸喝醉酒之后，一般不胡言乱语，不撒酒疯，不批评下属。他每次喝醉了酒，就会找个地方睡觉，一直睡到酒醒。

弥辰赫的妈妈是一位音乐老师，能歌善舞，钢琴弹得特别好。不过，除了学校的活动，外边的任何活动，她都拒绝参加。她不喜欢逛街，不喜欢在外边吃饭。她是一个安静的人，性格内向，每天下班就直接回家。做家务、看书、弹琴，就是她每天要做的事。

法庭上，弥辰赫的爸爸穿着一套深蓝色的西装，系着一条与西装同色系带暗红色小圆点的领带。弥辰赫的妈妈同样穿了一套深蓝色的西装，颜色比弥辰赫爸爸的西装颜色稍淡了一点，雅致的蓝底上带着暗褐色的条纹。

也许是大多数未成年犯都生活在社会底层家庭的缘故，庭审时，极少能见到如此郑重着装的父母。

坐在被告席上的弥辰赫，穿着一套蓝白相间的运动套装。虽然头发短到露出了白白的头皮，但丝毫遮掩不住他的英气。

生长在这样的家庭里，他怎么会走进审判庭，成了被告人呢？

二

从幼儿园开始，弥辰赫在学校就是一个被众家长羡慕，经常挂在老师嘴边的好孩子。

弥辰赫不仅学习成绩好，而且爱运动，不论是篮球、足球还是乒乓球，他都玩得挺顺手。也许是继承了妈妈的基因吧，弥辰赫嗓音特别洪亮，主持、唱歌样样能行。每当弥辰赫出现在舞台上或操场上，总会赢得男生的尖叫和女生爱慕的眼神。

很多人会觉得，如此优秀的弥辰赫，整天被各种光环笼罩着，一定没有什么痛苦和烦恼。

其实，并非如此。

上初中二年级的时候，弥辰赫喜欢上了邻班的一个女生尚雨辰。尚雨辰长得苗条俊美，而且能歌善舞。他们俩是在学校组织的一场晚会上相识的。慢慢地，两个人开始互相写信，开始在微信上聊天，开始约会。

之前，曾有不少女生给弥辰赫写过纸条，发过超出同学友情的微信，有的女生还找机会送他礼物，但弥辰赫从未心动过。可是这次不一样了，弥辰赫心中对尚雨辰的喜欢慢慢地变多，多到再也藏不住了。

弥辰赫的爸爸妈妈和老师同学都知道了他们的事。

自然，尚雨辰的爸爸妈妈也知道了这件事。尚雨辰的爸爸妈妈找到弥辰赫的班主任，指责弥辰赫影响了尚雨辰的学习，他们要求弥辰赫的班主任找他的家长谈谈，甚至要求学校对弥辰赫进行处分。

弥辰赫的爸爸妈妈本来对儿子谈恋爱这件事就很生气，现在女孩的家长闹到了学校，他们就更生气了。他们逼着弥辰赫跟女孩断绝来往，并要求他写保证书。

弥辰赫被各种压力弄得焦头烂额，烦躁不已。

三

弥辰赫虽然没有驾驶证，但一点也没影响他开车，而且他的车技还不错。

弥辰赫上小学的时候，个子就超过了一米七。周末爸爸没有酒局的时候，全家人会一起出去玩。有一次，爸爸把车钥匙给了弥辰赫，让他到停车场的车里去拿点东西。弥辰赫到了车跟前，不知怎么想的，竟启动了车子。那个停车场在比较偏僻的地方，也很大，里边没有几辆车。弥辰赫坐在驾驶座上，慢慢地把车子停到了不远处的另一个停车位上。这件事，弥辰赫没有跟爸爸妈妈说，他们也没有发现车子换了位置。

之后，弥辰赫找到机会就自己开一次车。等爸爸妈妈知道他会开车的时候，他的车技已经比较熟练了。

那时的弥辰赫，每次开车都很小心，也遵守交通规则。

弥辰赫爸爸单位的司机辞职后，单位的车就由弥辰赫爸爸自己开。虽然弥辰赫爸爸经常喝酒应酬，而且容易喝醉，但那时还没有开始查酒驾，所以即使喝了酒，只要没喝趴下，他就自己开车回去。

弥辰赫爸爸有一个习惯，就是喝多了酒喜欢睡觉。如果周末爸爸在家睡觉，弥辰赫就拿着爸爸的钥匙，开车出去转一圈，过一把车瘾。

有时，爸爸不在家，车自然也不在家。弥辰赫开车的瘾上来了，就会偷偷地开着妈妈的车出去。他知道，周末妈妈一般是不出去的，即使他把车从车库里开走了，妈妈也不知道。

后来，弥辰赫的爸爸妈妈知道了他开车的事。对儿子开车这件事，两个人意见不一致，吵了不止一次。

四

对弥辰赫早恋这件事，弥辰赫的爸爸妈妈都表示反对。他们一致觉得，弥辰赫只是一个初中生，现在就谈恋爱，有点早。除此之外，他们还有不同的想法。

都在同一个小县城住着，弥辰赫的爸爸也认识尚雨辰的爸爸妈妈。他们直接到学校去找弥辰赫的班主任这件事，让弥辰赫爸爸耿耿于怀。他觉得尚雨辰的爸爸妈妈不会做人，家长直接沟通不可以吗？都管好自己的孩子，不就行了吗，何必闹到学校里去呢？另外，在他的印象里，尚雨辰爸爸一直是一个又刻板又小气的人。

弥辰赫妈妈则嫌尚雨辰学习成绩不好。她知道，儿子喜欢尚雨辰，是喜欢她的漂亮长相，喜欢她的能歌善舞。尚雨辰学习成绩不好，两个人相处时间久了，肯定对儿子的学习有影响。

作为学校的老师，弥辰赫妈妈对尚雨辰也是有些了解的。她知道，尚雨辰不是脑子不好用，而是太贪玩。弥辰赫妈妈可不想让贪玩的尚雨辰影响到儿子。

对于爸爸妈妈的各种教导，弥辰赫不回应。他觉得自己是真心喜欢尚雨辰的，尚雨辰也真心喜欢他。

至于爸爸妈妈所说的"现在你们这么小，将来怎么样，没人知道，别浪费时间了"，弥辰赫也不赞同。他觉得自己已经不小了，清楚地知道自己想要什么，也知道尚雨辰想要什么。他想，他要跟尚雨辰一起并肩往前走，从初中到高中再到大学。他觉得父母并不理解他们这代人的想法。

五

弥辰赫的爸爸妈妈对他能否驾驶车辆，各自持有不同意见。

弥辰赫爸爸觉得，儿子不到法定驾驶年龄，没有驾照，不应该开车，但儿子的驾驶技术已经比较娴熟了，偶尔开个一次两次也没啥；再说了，男孩子不能养得那么仔细，要让他勇敢一些才好。

对弥辰赫爸爸说的话，弥辰赫妈妈坚决不同意。弥辰赫妈妈是一个做事认真的人，也是一个守规矩的人。以往，为了她的认真和守规矩，弥辰赫爸爸没少半真半假地对她表示不满。

弥辰赫妈妈不能容忍儿子在还没有拿到驾照的时候，就先开车上路。她说，这哪是什么勇敢啊，这是犯法！

弥辰赫爸爸对弥辰赫妈妈的话非常不屑，他说自己从来没有进过驾校，也照样开了这么多年的车。

弥辰赫爸爸当初也是先学会了开车，之后才有的驾照。他的驾照，不是从驾校里考出来的，而是找熟人交钱直接从驾校里拿出来的。他说自己开车这么久了，再去驾校学习，纯粹是浪费时间。

弥辰赫爸爸从来不避讳自己没有进驾校学车这事。家里人、朋友以及单位的同事，好多人都知道这事。

弥辰赫妈妈生气地说："不要拿自己的错误当优点来说，特别是不要给孩子灌输这样的观点。"

弥辰赫爸爸很不屑地说："死心眼，都跟你这样，啥都耽误了。"

弥辰赫妈妈知道他指的是什么，心里除了生气，还有点懊恼。她学车的时候，考了三回，耽误了半年多的时间，才拿到驾照。当时，因为总是考不过，她整个人瘦了好几斤。

弥辰赫爸爸本来说要找个朋友，帮她把驾照拿回来，但弥辰赫妈妈不让，非要自己考出来。她说，考试过不了，就是自己的驾驶技术不过关，即使找人拿了驾照，一个不合格的驾驶员也不能上路。为这事，弥辰赫爸爸没少笑话她，但她却一直坚持自己的想法。

弥辰赫虽然觉得妈妈的意见并没有错，但他还是想开车，喜欢开车。如果等到18岁才能开车，那还有好几年呢，他可不想等。

有了爸爸的支持，弥辰赫对妈妈的话表面上答应着，想开车的时候还是会去开。

后来，弥辰赫妈妈看到他开车的技术已经比较娴熟了，也就没有坚决地制止他，只是嘱咐他开车时慢一些。

对妈妈的话，弥辰赫都一一应着。

六

虽然尚雨辰的爸爸妈妈到学校去找了弥辰赫的班主任，但弥辰赫并没有因此跟尚雨辰断绝来往。

班主任和爸爸妈妈轮番对他进行训导，弥辰赫表示理解，表面上也应着。他知道如果不应着，任何人都不会放过他。

私底下，弥辰赫跟尚雨辰来往得更频繁了。有几次，弥辰赫甚至开着车，跑到尚雨辰家小区门口，把她约出来，然后带着她去兜风。

弥辰赫怕尚雨辰受委屈，怕她的爸爸妈妈骂她。他们的来往从"地上"转到了"地下"。

弥辰赫的学习成绩，真的如他妈妈所担心的那样不断下降。弥辰赫意识到了，但他并没有当回事。这时，尚雨辰不知是出于压力还是想明白了，突然不再理睬弥辰赫。

过了不久，弥辰赫得知，尚雨辰转学去了别的学校。这个消息，弥辰赫是听别的同学聊天时说起的，而不是尚雨辰告诉他的。

弥辰赫特别伤心，他没想到事情会变成这样。

弥辰赫被这突然的变故一下击蒙了，他一直以为尚雨辰也是真心喜欢自己的。他们曾经的海誓山盟，瞬间化为乌有。

弥辰赫失恋了。

就是在这个时候，弥辰赫迷上了飙车。

七

那天是个周末，爸爸又喝多了，在家里睡觉，妈妈正在书房里专心地教她的学生弹琴。

弥辰赫在家里写作业，脑子里突然出现了尚雨辰的影子。他心里很难受，放下手中的笔，抓起爸爸丢在茶几上的车钥匙，下了楼。

弥辰赫开着车慢慢地往前走，他不知道自己要去哪里。路口遇到绿灯了，他就继续往前走，遇到红灯了，他就提前进入右转车道。就这样，不知过了多久，车子开到了一个比较偏僻、车辆也比较少的地方。这个地方，弥辰赫以前从来没有来过，也不知道这是哪里。

弥辰赫双手紧握方向盘，猛踩油门，车子飞了出去。他感觉积在心中的烦恼和不快似乎都被抛了出去。他忍不住泪流满面，踏在油门上的那只脚，用力踩下去，再踩下去。

自此，弥辰赫喜欢上了飙车。心情不好的时候，他想去飙车；心情好的时候，他也想去飙车。后来，弥辰赫外出飙车的次数越来越多。有时，趁着爸爸妈妈都睡了，他也会悄悄下楼，开着车出去跑一阵子。

在飙车的过程中，他是快乐的，但每次回到家以后，他又会感到很失落。有时，他也会自责。有一次，弥辰赫差点撞上停在路边的一辆货车，当时吓出了一身冷汗。回家后，他下决心不能再这样飙车了。他知道自己尚未到法定的驾驶年龄，万一出点什么事就麻烦了。

可是，心里烦乱的时候，他就想去摸一下方向盘。等把车子开到路上，他就再也无法控制自己了。他会以路上某一辆车为目标，不停地变道，不停地超车。踩着油门的那只脚，就会一直不停地往下踩，再往下踩。

再到后来，为了在不方便出门的时候也能感受到飙车的快感，他飙车时一只手握住方向盘，另一只手拿着手机，把自己飙车的情景录下来。

八

事发当天，弥辰赫驾驶着爸爸的车出门后，进入了城市快车道。在即将驶入隧道前，弥辰赫瞄上了前边已进入隧道的一辆白色越野车。他猛踩油门，打方向盘、变道，眨眼就超过了那辆越野车。在隧道不太明亮的灯光下，弥辰赫不停地寻找新的目标。每超过一辆目标车，他就觉得像打游戏过了一关一样，特别兴奋。

目标车一辆辆被他超越。弥辰赫不停地变换车道，不停地更换新的目标。脚下的油门，也被他越来越用力地往下踩。他感觉自己就要飞起来了，所有的烦恼，所有的不快，都不存在了，眼前只有被超越的旧目标和即将被超越的新目标。

弥辰赫一手握着方向盘，另一只手拿起手机，一边飞一样往前行驶，一边用手机录制整个过程。他左打方向盘，变更车道，超过一辆目标车。紧接着，他右打方向盘，切到刚刚超过的那辆车前边。或许是因为转弯角度太大，方向盘打得有些急，弥辰赫手上的手机一下没拿稳，啪地砸在膝盖上，又从膝盖上掉到了脚边。

弥辰赫分了一下神，就只有这零点几秒的时间，等他回过神来的时候，一切已经晚了。由于车速太快，等他去踩刹车的时候，车头猛地撞到了一辆正常行驶的大巴车。大巴车被撞出了正常行驶的车道，与旁边车道上一辆正常行驶的轿车撞在了一起。

弥辰赫的车停下来的时候，三辆车已经撞在了一起。多亏当时不是交通高峰时段，否则不知会造成多少辆车相撞呢。事故造成 5 名乘客不同程度受伤，隧道内拥堵两个多小时。

案发后，交警部门在弥辰赫的手机和电脑里找到了多段他飙车的视频记录，有好几次都非常危险。看着那些视频，民警感到非常震惊。

交警部门对弥辰赫经常开的两辆车进行了查验。根据记录，这两辆车在短短五个月的时间里，超车违章高达三十多次。在这些违章里，有近四分之三的违章超过规定时速的 70% 以上。其中速度最快的一次，竟达到了 200 千米/时。

九

在法庭上，审判长对弥辰赫的爸爸妈妈进行了批评教育。

弥辰赫爸爸对审判长的话表示赞同，但他又说："谁知道他会开那么快呢！"

听到这话，一直以好脾气著称的审判长终于忍不住发了火。他说："追逐竞驶等危险行为，当然是法律法规不允许的，但是，没有驾驶证就允许孩子开车上路，你觉得可以吗？你本人作为一名公职人员，对这种最基本的常识，应该是了解的吧？"

弥辰赫爸爸看着审判长，连声说："是我不对，都是我不对。"

不知道弥辰赫爸爸此时是不是真心后悔，但愿这件事能使他彻底醒悟过来，对一些人和事进行重新的认识和判断。

在一旁的弥辰赫妈妈不时地点点头，表情认真而郑重。生活中的她，本来就是一个做事认真的人。在教育儿子的问题上，虽然她开始是坚持原则的，但抵不过弥辰赫爸爸的一派谬论，后来终于默许了儿子的错误行为。此时，不知她是否后悔自己的不坚决呢。

坐在被告席上的弥辰赫偶尔抬起头，匆忙地看一眼爸爸或妈妈，马上又深深地低下头，但我还是看到他的眼眶里满蓄着泪水。关于青春，关于爱，自此之后，他会重新审视，重新思考吧。

庭后絮语：

本案中的被告人弥辰赫，在尚未满 18 周岁，不具备驾驶资格的情况下，违反交通运输管理法规，多次驾驶机动车上路。这种行为，是违法的。

即便是年满 18 周岁，持有合法驾驶执照的人，在车辆行驶过程中，也要严格遵守交通法规，不可有追逐竞驶等危险行为。此类危害公共安全的行为，同样是违法的。

追逐竞驶型危险驾驶，不一定非要发生交通事故，才算犯罪。只要在道路上具有曲折、变道、插车、高速超速行驶等行为，就会危害公共安全，就会被追究刑事责任。

《中华人民共和国刑法》第一百三十三条对交通肇事罪、危险驾驶罪做出如下规定：违反交通运输管理法规，因而发生重大事故，致人重伤、死亡或者使公私财产遭受重大损失的，处三年以下有期徒刑或者拘役；交通运输肇事后逃逸或者有其他特别恶劣情节的，处三年以上七年以下有期徒刑；因逃逸致人死亡的，处七年以上有期徒刑。

在道路上驾驶机动车，有下列情形之一的，处拘役，并处罚金：

（一）追逐竞驶，情节恶劣的；

（二）醉酒驾驶机动车的；

（三）从事校车业务或者旅客运输，严重超过额定乘员载客，或者严重超过规定时速行驶的；

（四）违反危险化学品安全管理规定运输危险化学

品，危及公共安全的。

机动车所有人、管理人对前款第三项、第四项行为负有直接责任的，依照前款的规定处罚。

有前两款行为，同时构成其他犯罪的，依照处罚较重的规定定罪处罚。

本案中，弥辰赫的父母对此事故的发生负有不可推卸的责任。因为弥辰赫尚未满18周岁，还属于未成年人，他的父母有对其进行监护的责任和义务。

被告人弥辰赫的父亲，对其无证驾驶机动车的行为不仅不劝阻，而且还拿自己当年的"英雄事迹"鼓励儿子，助长了弥辰赫无证驾驶这一行为，也为之后弥辰赫毫无节制的飙车行为埋下了伏笔。

从此案的诸多细节来看，弥辰赫的父亲是一个不够自律的家长，而且有些是非不分。他经常喝酒；宣扬自己没参加考试就拿到驾照的事，而且是当着未成年儿子的面宣扬；得知弥辰赫跟尚雨辰的早恋并未因学校老师的批评和家长的阻拦而终止时，他竟然对弥辰赫的妈妈说："愿谈就让他谈吧，反正咱家弥辰赫不是女孩，谈成了，谈散了，都没啥损失。"作为一名公职人员，作为一个家长，他说的许多话简直毫无底线。

父母是孩子的第一任老师。从表面上看，弥辰赫更多地遗传了妈妈理性的一面，但他的骨子里却藏着爸爸为人处事荒谬的基因。

作为一名中学生，弥辰赫早恋、开车甚至飙车，都是不应该的，甚至是违反法律法规的。但每一次，他都义无反顾。每一次，他都显现出了他的不理性。在没有驾驶资格的情况下开车上路，在失恋后疯狂飙车，这都是法律不允许的。弥辰赫的行为最终伤了别人，也害了自己。

到案后，弥辰赫认罪悔罪态度良好。弥辰赫属于未成年人，且案发后，其亲属对被害人积极进行赔偿，取得了被害人的谅解。法院以危险驾驶罪，判处被告人弥辰赫拘役三个月，缓刑三个月，并处罚金3000元。

奚嘉源档案：

奚嘉源，男，身高 1.69 米，体形偏瘦，肤色黑黄，单眼皮，小眼睛，戴近视眼镜。因成绩不好、逃学和吸毒等原因，初一辍学。奚嘉源家在一座沿海城市的城中村，拆迁得到巨额补偿款后，一切都发生了变化。其父有酗酒和吸毒的恶习，因为好奇，他也偷偷地吸食了毒品，之后成瘾。

魔鬼跑道上的接力棒

关键词：

暴富　网吧　辍学　吸毒

案件回放：

奚嘉源家所在村子的土地被征收后，他们家不仅得到了三套楼房，还得到了三百多万元的补偿款。奚嘉源爸爸之前就有酗酒的恶习，面对从天而降的楼房和巨款，除酗酒外，他又染上了毒品。奚嘉源从六年级开始就偷偷地吸毒，短短几年时间，补偿款被他们父子挥霍一空。奚嘉源再也拿不出钱来买毒品，但他已经无法控制自己。后来，他借在网吧上网的机会，引诱两名初中生吸毒，然后以贩养吸。其中一名初中生在运输毒品时被抓，遂将奚嘉源供出。案发时，奚嘉源17岁零10个月。

检察机关以引诱教唆他人吸毒罪，将其起诉。

一

上学的时候，奚嘉源学习成绩一直不好。

奚嘉源的爸爸妈妈都只上过小学，也不太在意奚嘉源的学习成绩。奚嘉源的爸爸妈妈平时都很忙，没时间辅导他学习。就算有时间，他们大概也不会去辅导儿子学习，一是他们没有这个想法，二是他们本身也没多少文化，奚嘉源一年级之后的课程，他们不一定能辅导得了。

奚嘉源爸爸一直在海边帮人家看池子，养着海参或对虾的池子。奚嘉源爸爸的工作就是给那些海参或大虾小虾们定点喂食，保证它们不被别人偷走。他这份工作不是很累，离家也不是很远，骑摩托车不到半个小时就能到家，但是工作时间太长，要一天24小时在海边待着。他每个周末都会回家一趟，把换下来的脏衣服带回家，把下周要穿的衣服带走。有时，他也带点吃的喝的回家。

奚嘉源爸爸一般周六下午回家，周日下午离开，每周在家能待24小时左右。

爸爸休班这天，奚嘉源放学回家第一眼看到的爸爸，几乎无一例外地是在餐桌旁喝酒。爸爸喝完酒，就去睡觉。第二天，奚嘉源去上学的时候，爸爸一般还没起床。

等到中午他放学回家的时候，爸爸大多数时候也是在喝酒。再到晚上放学后，爸爸已经走了。虽然一星期才见一次，但奚嘉源跟爸爸见面的时候，基本没什么交流。奚嘉源不愿听爸爸醉酒后胡言乱语，他偶尔说句什么，爸爸不愿听的时候，还会把他骂一顿。奚嘉源觉得，尽量躲着爸爸，还能清静些。

为了爸爸喝酒的事，奚嘉源妈妈没少跟他吵架，但没起到什么作用。奚嘉源爸爸清醒的时候，也会跟奚嘉源妈妈保证，说以后再也不喝酒了。但每每遇到有酒局，奚嘉源爸爸是一定要去的，去了也必定会喝醉。外边没有酒局的时候，奚嘉源爸爸就在家里喝。

奚嘉源妈妈心情好的时候，就给他炒个菜。遇到奚嘉源妈妈忙或心情不好，没人给他炒菜时，奚嘉源爸爸就随便找出一根葱或一头蒜来当酒肴。即使这样，他也照样能把自己灌醉。

二

奚嘉源妈妈平时在街上摆个小摊，卖些内衣、袜子之类的小东西，每天收入不多，即使在旺季，也就勉强够奚嘉源和妈妈在家吃饭的钱。

到了夏天，全国各地的人赶来海边，到处是人，到处是车。奚嘉源妈妈就在海边找个地方，卖泳衣、泳帽、游泳圈以及各种塑料小桶、小铲子等。不过卖这种东西的人也格外多，去海边的路上，花花绿绿的泳衣挂满了几条长长的绳子，在风中招展着。

不管前一天收入多少，第二天，奚嘉源妈妈照样拉了她的两轮小车，到海边去摆摊。

奚嘉源妈妈是一个乐观开朗的人，平时爱说爱笑。谈到妈妈的时候，奚嘉源曾说过这样一句话："我犯了事进来后，常常想，如果妈妈不是这种性格的话，也许早就挺不住了吧。"事情已经发生了，挺不住，又能怎样呢？

为了喝酒的事，奚嘉源的爸爸妈妈经常吵架。有好几次，他们甚至提到了离婚。开始那几年，提离婚的是奚嘉源妈妈。那时，每当看到奚嘉源妈妈真恼了，奚嘉源爸爸就会百般地哄她。奚嘉源妈妈经不住奚嘉源爸爸的哄逗，不多会儿，就没事了。

后来那几年，也就是村里的土地被征收后，不高兴时提离婚的，变成了奚嘉源爸爸。奚嘉源妈妈偶尔提一次离婚的时候，奚嘉源爸爸也不再那么费心地去哄了。

三

奚嘉源读四年级那年春天，村里的房子要拆了。他们全家搬离了住了几十年的老屋。补偿款很快下来了。奚嘉源家分了三套楼房，另外还分了三百五十多万元补偿款。

拿到补偿款的当月，奚嘉源爸爸就辞去了在海边看池子的工作。驾照还没学出来呢，他就先给自己买了一辆轿车。

奚嘉源爸爸说，把三百万存在银行里，留着以后给奚嘉源娶媳妇、买房子和做生意用。他说凭奚嘉源的学习成绩，肯定考不上大学，将来还是要自己干，做生意不能没有本钱。剩下的钱，留着平时零花和投资用。奚嘉源爸爸所说的投资，是想盘个水产店，自己当老板。

开店要先考察各方面的情况，奚嘉源爸爸每天早晨吃完饭，就到各处去转。他手里有钱，就在各家酒楼穿梭，说要先跟酒楼拉好关系，将来开水产店的时候，才会有销路。奚嘉源爸爸每天做的事，要不是请别人吃饭，就是被别人请吃饭。村里的人都有了钱，好多人跟奚嘉源爸爸一样，想到的是先享受一把。别的享受方式还没想出来，他们首先想到的，就是吃饭。

就这样，他们相互请吃饭。请客和被请客的团队先是迅速壮大，慢慢地，有的人可能意识到这样下去不行，就退了出去。那个团队不断缩小，最后缩到了十来个人。这十来个人中，一直坚守的，就有奚嘉源爸爸。随着时间的推移，水产店这几个字，在他嘴里出现的频率越来越低。到最后，这几个字在他嘴里彻底地消失了。

渐渐地，他们这些人已经不满足于只是吃喝。吃饱喝足以后，他们就商量着干点别的，先是打麻将，再是泡脚。后来不知从哪天起，他们开始吸食毒品。

刚开始，奚嘉源爸爸吸毒的时候，还不让奚嘉源和他妈妈知道。后来有一天，奚嘉源爸爸竟把毒品带到了家里。趁奚嘉源去了学校，奚嘉源妈妈不在家，他在家里吸起了毒品。在家吸毒次数多了，奚嘉源爸爸胆子越来越大，最终被奚嘉源妈妈撞到了。从那以后，想吸毒的时候，奚嘉源爸爸便不再偷偷摸摸。后来，就连奚嘉源在家的时候，爸爸想吸了，也不再躲藏，当着奚嘉源的面就吸起来。

四

之前，奚嘉源妈妈为了丈夫酗酒的事，经常跟他闹。后来，奚嘉源妈妈不再管丈夫酗酒的事，她只希望丈夫别再吸毒，她把吸毒的危害对丈夫讲了一千遍一万遍。奚嘉源爸爸偶尔清醒的时候，也会答应，可一旦毒瘾上来了，他就管不住自己了。

奚嘉源爸爸不高兴的时候，就会骂妻子，说要跟她离婚。

家里有了钱之后，奚嘉源也买了新手机和笔记本电脑，还在网上买了很多游戏装备。以前，奚嘉源因为学习成绩不好，在学校还有点自卑。自从有了钱以后，跟奚嘉源情况差不多的几个孩子，在学校不再比学习成绩，而是比谁的手机更新、更贵，谁的衣服、鞋子牌子更好，谁的游戏装备更全。

奚嘉源妈妈还是每天出去摆摊。村里的人都笑话她，家里有那么多钱了，还摆那个小摊干啥，风吹日晒的，又赚不到钱。可奚嘉源妈妈不管这些，即使赚不到钱，她也每天都去。

常在家里遇到爸爸吸毒，时间久了，奚嘉源也想试试。他想不明白，那些白色的粉末，到底有多好，能让爸爸那么痴迷。奚嘉源想：我就试一次，以后再也不试了。他知道那东西对人没啥好处，他不想像爸爸一样，他觉得试一次肯定不会上瘾的。奚嘉源想了好几次，但真要试的时候，又有点怕了，怕试出问题来。

不过每次看到爸爸吸毒的时候，他又忍不住想试试。

奚嘉源的心里，就一直矛盾着，纠结着。

那天是周末，妈妈到海边去摆摊了，爸爸出去喝酒没回来，奚嘉源中午起床后觉得无聊，突然又想到了那个东西，又想试试。

五

试了一次之后，奚嘉源的心里就像埋下了一颗种子，这颗种子在悄悄地生根、发芽，不断地长大。那一年，奚嘉源刚上小学六年级。

后来，奚嘉源吸毒的事，被爸爸发现了。奚嘉源爸爸狠狠地打了他一顿，逼他戒掉。奚嘉源表面上答应，但心里并不服气。他想："凭啥你能吸我就不能？那些补偿款不是你自己的，也有我的份。"

奚嘉源妈妈知道后，哭着求他戒掉。妈妈哭的时候，奚嘉源心里还是很难受的。他也想戒掉，但是毒瘾上来的时候，他就把一切都忘得一干二净了。

初一那年冬天，奚嘉源离开了学校，跟一帮朋友在社会上瞎混。

家里剩下的钱早不见了踪影。奚嘉源爸爸整天不是喝酒就是吸毒，开水产店的事，他再也不提了。在银行存定期的那三百万，也被他多次提前支取，花光了。

三套房子的钥匙领回来了，却没有钱装修。奚嘉源爸爸想卖掉一套，用卖房子的钱装修，但奚嘉源妈妈不同意。她怕把房子卖了，奚嘉源爸爸手里又有了钱，会更疯狂地去吸毒。

为了卖房子的事，奚嘉源的爸爸妈妈也是不停地吵架。

奚嘉源妈妈说，分到的三套房子，每人一套。奚嘉源爸爸执意要卖，就卖掉他自己那套。奚嘉源妈妈还说，以后她不会让奚嘉源爸爸住她的房子。

奚嘉源不管房子的事，也管不了。爸爸妈妈觉得奚嘉源还是一个小孩子，卖房子这样的大事，还轮不到他来参与意见。

奚嘉源只想像刚拿到拆迁款时那样，自己手上有钱花。不过随着爸爸一次次进出酒店、洗脚房，奚嘉源很难从家里再要到钱了。

毒瘾上来的时候，奚嘉源特别难过，想着不管怎样，也要弄点钱，哪怕不吃饭不喝水，也得吸上一口。

奚嘉源走上了以贩养吸这条路。他开始在网上寻找买家，用挣来的差价供自己吸食毒品。

在网吧上网的时候，奚嘉源认识了两个经常逃课的在校初中生。奚嘉源把目光盯在了名叫小黎和小洛的两个男孩身上。奚嘉源知道，像小黎和小洛这样一直在网吧泡着的孩子，大多不爱学习，头脑也简单，比较好糊弄。

奚嘉源瞅准了机会，等到小黎和小洛玩得累了困了，实在打不起精神的时候，他也做出一副又累又困的样子，然后当着小黎和小洛的面吸了几口。之后，他就在他们面前表现出特别有精神的样子。有一次，小黎忍不住问奚嘉源，他怎么突然那么有精神了呢。奚嘉源冲他们神秘地笑了笑，并不回答，但他知道，这两个初中生，离上钩不远了。

如法炮制了两次之后，在小黎和小洛第二次问奚嘉源突然之间不累不困的秘诀时，奚嘉源冲他们招了招手，把他们约到网吧的洗手间里，关上了门。奚嘉源故作神秘地让他们尝一口。他告诉他们，尝了，就会不累也不困，特别有精神。小黎和小洛开始时半信半疑，后来因为好奇，他们忍不住就试了。

从那以后，小黎和小洛也开始吸毒。有需要的时候，他们就从奚嘉源手里拿货。

六

遇到别人要货，奚嘉源不忙的时候，就自己送过去；遇到有什么事，或自己不愿意送的时候，奚嘉源就让小黎或小洛去送。奚嘉源知道，小黎和小洛年龄小，不太会引起别人的注意。不管让他们中的哪一个去，奚嘉源都会付运费给他们。

这一次是济南的客户，奚嘉源在网上约好的。那个要货的人，先付了订金给奚嘉源。奚嘉源那几天没什么事，本想自己去送，但后来想了想，要坐好几个小时的车，挺累的，再说去省城，风险相对也比较大。奚嘉源想来想去，决定让小黎或小洛帮他送。当时正是暑假，小黎和小洛在家也没什么事。他们年纪小，引起别人注意的概率也相对较小。

在网吧见面的时候，奚嘉源把自己的想法跟小黎和小洛说了。小黎说家里有事，走不开。小洛说他没去过济南，去了正好可以玩几天。

　　奚嘉源买了一盒感冒颗粒，把包装感冒药的塑料袋从一头剪开，将里边的药粒倒出来，然后把冰毒装进一个个小塑料袋子里，再用封口机把袋口封好。

　　封口机是奚嘉源从网上买的。他还从网上买了一些小茶叶袋，把小包冰毒放进十克的真空茶叶袋中，再用封口机封好，跟别的茶叶放在一起，很难被发现。以往，奚嘉源一直这么干。

　　奚嘉源告诉小洛不要坐火车。火车虽然快，但安检比较严。奚嘉源把小洛送上了开往济南的大巴车，看着车子缓缓地驶出站，他似乎看到了银行卡上多出来的那一大笔钱。他在心里盘算着这些钱的用途，越想心里越兴奋。

　　奚嘉源爸爸现在穷得叮当响，毒瘾上来的时候，他常常来求奚嘉源，为了能从奚嘉源这里拿到免费的毒品，什么低三下四的话他都能说。奚嘉源偶尔也会接济他一点，但也就是一点。奚嘉源自己没多少钱，也常常没钱买毒品。还有一个原因就是，奚嘉源觉得，如果他在爸爸面前太好说话，爸爸会更频繁地来麻烦他。奚嘉源可不想让好吃懒做的爸爸养成这样的习惯。

　　奚嘉源爸爸不知怎么拿到了购房合同和房子的钥匙，偷偷地把三套房子中最小的那套卖掉了。卖房子的钱，他一分也没拿来装修另外两套房子，而是全挥霍了。

七

　　小洛在路上的时候，奚嘉源通过微信跟他联系，一直没什么事，很顺利。小洛到站下车的时候，在微信上给奚嘉源发了一个笑脸。

半个小时后，小洛在微信上告诉奚嘉源，已跟表哥联系上，让奚嘉源放心。

奚嘉源很高兴，告诉小洛，想在济南玩的话，就多待两天。小洛发了一个调皮的表情给奚嘉源。

过了大约一个小时，奚嘉源想问一下小洛，跟表哥见面了没有，因为奚嘉源一直没收到货款到账的短信。

奚嘉源想，可能接头的地方附近没有银行网点，也可能是跨行转账，相对要慢一些。

又等了一个多小时，还是没收到货款到账的短信，奚嘉源有些坐不住了。他打开微信，给小洛发了一个笑脸过去。这是奚嘉源和小洛约定好的：把接货人称作表哥，想联络的时候先发一个笑脸给对方。这样，在外人看来，奚嘉源和小洛就是普通的同学关系，小洛去省城找表哥，奚嘉源随便跟他聊会儿天。

等了一会儿，微信上没有回复。奚嘉源心里有点慌：小洛不会是出事了吧？

奚嘉源仔细想了想，又觉得可能是自己多虑了。小洛下车后过安检没问题，而且说已经联系到表哥了。小洛也不是第一次干这事，还是有经验的，也许是他待的地方网络信号不好。以往也有过这样的情况，小洛没有及时回复消息，害得奚嘉源紧张了半天，说不定今天也是这样的情况。这个孩子，总是不及时看微信，说他好多次了，就是不改。

又等了一会儿，还是没有回复。奚嘉源一直盯着手机屏幕上小洛的头像，心里七上八下的。小洛这孩子，就不知道别人着急吗？没时间说话，哪怕发个表情来也行啊！

小洛始终没有任何回应。一种不祥的预感突然袭来，奚嘉源忍不住打了个冷战。

难道是他把那盒感冒颗粒交给表哥的时候出问题了？或者是表哥先出了问题，又牵连出了小洛？那样的话，顺着线找过来，下一个就是他了。这些想法一冒出来，奚嘉源觉得自己的心紧紧地缩成了一团。

时间好像停止了。奚嘉源徒劳地盯着自己的手机，忍不住浑身颤抖。他想给小洛打个电话，问问到底是什么情况，但他知道，这个时候是不能给小洛打电话的，他怕小洛的电话此时正在警察手上。那样的话，他岂不是自投罗网吗？

唉，听天由命吧，也许是虚惊一场呢。这样安慰着自己，奚嘉源就不那么着急害怕了。反正急也没用，怕也没用，奚嘉源索性不再盯着小洛的头像看了。他把手机放进口袋，去了网吧。

玩游戏的时候，小洛的事就被奚嘉源抛到了脑后。

八

奚嘉源在网吧玩了一个通宵，其间他竟然一次也没想到小洛。

早晨，奚嘉源实在太困了，想离开网吧回家睡一会儿。他刚站起身，就看到从门口进来五六个警察。当时，奚嘉源迷迷糊糊的，心里还纳闷：这么早警察就已经上班了。

警察进来后先把网吧的门关上了。网吧里的人，大多是玩了通宵的，脑子不太好使了。他们也跟奚嘉源一样，木木地看着那些警察。

一位高个子警察像是认识奚嘉源一样，直接走到他的跟前："你是奚嘉源吗？"

奚嘉源慢慢地从座位上站起来，点了点头。也许是熬了通宵的缘故，也许是夜里吸了几口的缘故，直到这时，奚嘉源还没明白过来，警察为什么会问他的名字。

以往，也经常有警察到网吧里来检查，但一般是一个警察，最多两个，从没像今天这样，一下来这么多。还没等奚嘉源想明白为什么会一下来这么多警察，为什么警察会知道他的名字，另外几个警察便朝他围了过来。两个警察一左一右架起奚嘉源的胳膊，二话不说，朝门口走去。他们没跟奚嘉源说到底有什么事，奚嘉源也没反应过来到底出了什么事。

出了网吧，迎面被风一吹，奚嘉源清醒了一点。小洛的影子出现在脑海里，奚嘉源猛然醒了过来。他知道，一定是小洛出事了。

九

开庭那天，奚嘉源刚下囚车，小黎和小洛的家人就骂着、哭着朝他扑了过来。如果不是法警拦着，他们真恨不得把奚嘉源给撕碎了。是啊，小黎和小洛那么小，初中还没毕业呢！

小黎和小洛的家人对奚嘉源举起拳头的时候，他没有说话，也没有躲闪。他只是低着头，慢慢地一步一步朝法庭走去。

奚嘉源的爸爸妈妈都去了法院。

从见到奚嘉源的那一刻起，妈妈的眼泪就没有断过。在法庭上，她不敢哭出声，那种想哭又忍着不哭的样子，让每个看到的人心里都特别难受。

刚开始的时候，奚嘉源爸爸的表情一直木呆呆的。庭审进行到一多半的时候，他竟然犯了毒瘾，不住地打哈欠，在椅子上扭来扭去，就像坐在针毡上，一秒钟都难以待下去。

如果不是少年审判庭的门被锁死，由两名法警把守，也许奚嘉源爸爸早就跑出去了吧。

庭上，奚嘉源说了这样一段话：

"进来后，警察叔叔跟我谈了很多，我觉得他们说的很对。这些话，以前我从没听说过。我想，如果那时我知道这些的话，兴许我就不会来到这里了。

"我不怪小黎和小洛的家长，让他们狠狠地打我一顿，暂时出点气也好。毕竟，小黎和小洛才是初中生。

"可是，他们做家长的也有责任。他们的孩子整天逃课，夜不归宿，难道他们不知道？

"警察叔叔跟我聊的时候，其中有一段话我记得很清楚，他们说：'凡是逃学、吸烟、喝酒、夜不归宿的孩子，再往前迈那么一小步，就有可能走向犯罪。'

"我这么说，不是想推卸责任。我知道小黎和小洛走到这一步，都怪我。可是我也想了，即使我不教唆、引诱他们，凭他们当时的状况，也会有别人教唆、引诱他们。我觉得这一点不用怀疑。

"刚开始，我只觉得对不起我妈和小黎小洛他们，后来想得多了，才慢慢觉出来，其实，我又怎么对得起我自己呢？"

奚嘉源的这番话，说得很实在。如果他的爸爸妈妈能好好教育、指导他，也许他的人生之路会是另一个样子。如果没有中途辍学，他也许不会走上这条路。

庭后絮语：

在这个案件中，奚嘉源的父亲是魔鬼跑道上第一个持接力棒的人。有句话叫"上梁不正下梁歪"，虽然这话并非百分之百正确，但每个问题孩子的背后，必然会有一个问题家庭。父母是孩子的第一任老师，父母的所作所为，会极大地影响孩子的世界观、人生观。

奚嘉源的父亲，实在不配做一个父亲。他的不自律，酗酒，是非不分，对家庭、儿子毫无责任心，以及一夜暴富后失去理智、随意挥霍等，是导致奚嘉源步入歧途的重要原因。

奚嘉源的父亲又把这接力棒传给了自己的儿子，尽管他并不希望儿子接过这支接力棒。他曾因为儿子吸毒而打过、骂过儿子，但又是他亲手把自己的儿子带入了这条魔鬼跑道，他的所作所为，极大地影响了儿子的健康成长。

对奚嘉源来说，要想走出父亲的阴影，离开那条魔鬼跑道，也不是不可能的。纵观中外历史，许多成年后功成名就的伟人，在幼年时，也有一个或酗酒，或暴力，甚至犯罪的父亲或母亲。然而，经历过无数磨难的他们，最终离开了父辈阴影下的那条魔鬼跑道，踏上了阳光明媚的成功之路。这样的例子，并不在少数。

对小黎和小洛两名初中生来说，他们不爱学习，不愿意待在学校里接受教育，在本该汲取知识的年纪，却经常逃学，偷偷跑到网吧里玩，自然也有可能成为奚嘉源下一棒的接棒者。就像奚嘉源在法庭上说过的那样："即使我不教唆、引诱他们，凭他们当时的状况，也会有别人教唆、引诱他们。我觉得这一点不用怀疑。"

不管是奚嘉源，还是初中生小黎和小洛，他们走到这一步，可能都有家庭、社会等各方面的原因，但是毋庸置疑，他们自身的原因，才是导致他们最终进入这条魔鬼跑道的最直接、最主要的原因。

邸运梓档案：

邸运梓，男，身高 1.72 米，体形偏瘦，皮肤较黑，长脸，眼睛细长。邸运梓初一上学期因家庭变故辍学，后辗转到各地打工。案发时，邸运梓 17 岁零 1 个月。

打工不慎之伤

关键词：

辍学　打工不慎　污染环境罪

案件回放：

邸运梓初中辍学后外出打工，换过很多工作。又一次失业后，经工友介绍，邸运梓进入一家私营炼油厂工作。工作又脏又累，吃住条件都很差，老板脾气也不好，但收入还不错。对邸运梓来说，最重要的一点是，老板每月都能按时发工资。邸运梓就在这个厂子里留了下来，一干就是 4 个月。直至案发后，邸运梓才知道，老板是在未取得危险废物经营许可证的情况下，擅自开工生产的。检察机关以污染环境罪，对这家炼油厂的老板及其员工提起刑事附带民事公益诉讼。邸运梓成了其中的一名被告人。

一

邸运梓的童年，是很幸福的。当时，爸爸妈妈都在身边，全家衣食无忧。一家人的生活，在县城也算得上中上游水平吧。

邸运梓的爸爸妈妈在县城最繁华的商业街开了一家品牌服饰专卖店。因为经营有方，短短几年时间，专卖店由一家变成了两家。邸运梓的爸爸妈妈各自管理一家。这两家专卖店，一家在老城的商业街上，另一家在开发区的政务中心旁边，都是人流量比较集中的地方。

老城的那家店，由邸运梓妈妈经营。开发区新开的这家，则由邸运梓爸爸经营。两家店都配有三个营业员，在县城来说，也算规模比较大的店了。

那时，邸运梓还没上小学，退休的爷爷奶奶在家照顾他。因为担心累着老人，邸运梓的爸爸妈妈还雇了一个保姆，照顾老人和孩子的生活。

自己开店虽然没有周末和节假日，但每个月邸运梓的爸爸妈妈总会抽时间，带全家外出玩个一天半天，或者全家一起去饭店吃顿饭。

那时的邸运梓活泼、可爱，还有点调皮。有时，爷爷奶奶或保姆阿姨会带他到爸爸妈妈的店里去玩，店里的阿姨都特别喜欢他，也愿意跟他玩。邸运梓有好多玩具，家里专门腾出一间书房来，放他的玩具。周围邻居家的小朋友，也都喜欢去他家玩。爸爸妈妈下了班，会开车来爷爷奶奶家接他。他和爸爸妈妈住在另一个小区。

他家住的那个小区，跟爷爷奶奶住的小区只隔着一道墙。

他们大多是在爷爷奶奶家里吃晚饭。有时爸爸回来得早一点，有时妈妈回来得早一点，不管谁回来得早，都会等回来晚的那个一起吃饭，然后一起回家。

每次回家的时候，一家三口都坐同一辆车，另一辆车就放在爷爷奶奶家的楼下。第二天早晨，爸爸妈妈会一起送他到爷爷奶奶家，然后再各自开车去上班。邸运梓特别喜欢晚上跟爸爸妈妈乘坐同一辆车回家，第二天早晨又乘坐同一辆车到爷爷奶奶家。爸爸开车，邸运梓跟妈妈一起坐在后排，他要么依偎在妈妈的怀里，要么坐在妈妈的腿上，和妈妈说点悄悄话。

爸爸停下车之后，邸运梓会让爸爸抱上楼。爸爸有时会把他横着放在肩上，扛上楼。爸爸常常一边走，一边快乐地喊着号子，引得邸运梓忍不住在爸爸肩上大笑不止。

二

这样的时光，是何时结束的呢？

邸运梓说，他上小学三年级的时候，爸爸就不经常回爷爷奶奶家吃晚饭了，他总说店里忙，总说有这样那样的应酬。

在爷爷奶奶家吃完饭，回家的车里，由曾经快乐的一家三口，变成了邸运梓和妈妈两个人。那时，邸运梓还小，每次都不停地问妈妈，爸爸为什么不回来吃饭，为什么不跟他和妈妈一起回家。

开始的时候，妈妈还说爸爸忙，后来，邸运梓再问，妈妈就会没好气地说一句："你爸爸死外头了！"

之后，邸运梓就不太敢问了。

有一次，爸爸难得回爷爷奶奶家吃饭，邸运梓问爸爸为什么一直不回来。爸爸摸了摸邸运梓的头说："爸爸忙。"

看着爸爸日渐黑瘦的脸，邸运梓没有再问什么。

妈妈也极少来爷爷奶奶家吃晚饭了，尽管保姆阿姨还在。

妈妈很长时间才会来爷爷奶奶家看邸运梓一次。妈妈每次来，都给邸运梓带好多吃的穿的玩的。

邸运梓不想要那些东西，他想要妈妈回爷爷奶奶家来吃饭，就像以往那样。当邸运梓把他的想法告诉妈妈时，妈妈也说："妈妈忙，有空的时候就过来吃饭。"

妈妈虽然这样说，但再也没来爷爷奶奶家吃过晚饭。邸运梓一天天盼着，却始终没有把妈妈盼来。

有一天放了学，邸运梓央求接他放学的保姆阿姨说，他想妈妈了，想到妈妈的店里去看看妈妈。保姆阿姨犹豫了一下，带邸运梓去了他妈妈开的服装店。

三

妈妈没在店里。邸运梓以为妈妈可能是去进货了。见不到妈妈，他想给妈妈打电话说说话。店里的阿姨跟邸运梓都很熟，却没有一个人肯借手机给邸运梓。

邸运梓很伤心，任保姆阿姨怎样劝说，都要待在店里等妈妈。

邸运梓在店里转来转去，转到楼梯后边那个用来盛

放货物的小房间时，顺手推开了门。眼前的一幕，让他一下呆住了。黑暗的储物间里，坐在一只小凳子上的，不就是妈妈吗？

邸运梓一下扑到妈妈怀里，忍不住哭了起来。妈妈用力搂着他，也哭了。

哭过之后，邸运梓牵着妈妈的手，把她拉到了大厅里。在明亮的灯光下，邸运梓看到了妈妈脸上的伤痕。望着妈妈的脸，邸运梓刚刚止住的眼泪，又滚落下来。

邸运梓隐隐觉得，妈妈脸上的伤肯定与爸爸有关。想到这里，邸运梓挣脱开妈妈的手，就要去找爸爸算账。他不能让爸爸欺负妈妈。

店里的阿姨、保姆阿姨和妈妈一起拦着他，邸运梓用尽了力气，也没能挣脱出去。

邸运梓回到家后，问奶奶："爸爸妈妈怎么了？"

奶奶叹了口气说："都是你那个爹呀，放着好好的日子不过。唉！"奶奶抬手抹起了眼泪。

那天下午，保姆阿姨把邸运梓送到学校门口，就离开了。她知道邸运梓会自己进去的，以往一直是这样。

然而这一次，邸运梓却没有去学校。看着保姆阿姨的身影不见了，他立马拐进了旁边的小胡同。顺着那条胡同，邸运梓走到街上，拦了一辆出租车，告诉司机去政务中心。

他要找到爸爸，问他为什么欺负妈妈，他不允许任何人欺负妈妈。

四

在爸爸的服装店里，邸运梓没有见到爸爸。

店里一个顾客都没有。看店的阿姨也只剩下一个，她说爸爸出差了，不在店里。

邸运梓没有马上离开，他在厅里来回走动，走到楼梯口那个小屋跟前，伸手把门打开了。中午的时候，妈妈就是一个人在那样又小又黑的屋子里坐着的。打开那扇窄窄的小门，里边当然不会有妈妈，不过也没有爸爸。

邸运梓在那个堆着各种纸盒和衣服的小屋前站了好一会儿，然后不声不响地慢慢朝楼上走去。

这里一楼是服装店，二楼是邸运梓爸爸的办公室和一间小型会客室。

邸运梓上了二楼，一股很冲的烟味混杂着说不出的味道迎面扑来，呛得邸运梓咳嗽了两声。

楼上的门关着，邸运梓用手轻轻一推，门就开了。烟灰缸里的烟头满得冒尖，茶几上、地上也到处是烟头。办公桌上、茶几上，甚至椅子上，到处都是用过的纸杯。杯子里的茶，有的差不多满着，有的剩下一半，还有的只剩下一个底。那些茶水，无一例外都是混浊的黄褐色。离邸运梓最近的那只杯子里，水面上长出了一层白白的毛。

邸运梓在离自己最近的那个沙发上坐了一会儿，然后站起身，慢慢地朝楼下走去。

店里依然没有顾客。看店的阿姨正坐在柱子旁边的一个凳子上，低头玩手机。邸运梓从楼上走下来，她竟然都没有发现。

爸爸的办公室，邸运梓之前来过多次，但他从来没有看到爸爸的办公室这样又脏又乱过。

爸爸到哪里去了呢？是去外地谈生意了，还是出去进货了？

五

邸运梓执意离开爷爷奶奶家，回到了自己的家。他也不知道自己为什么要回去。回到家他才知道，爸爸晚上经常不回家，即使回来也很晚。

爸爸妈妈经常吵架，有时吵着吵着，就开始动手。家里好多东西都摔坏了，就连电视机屏幕中间都被砸了一个大窟窿。

从爸爸妈妈的争吵中，邸运梓听到了一个惊天的秘密——爸爸在吸毒。

以往，只有在电影、电视剧里，邸运梓才见过吸毒的人。他没想到，自己的爸爸竟然也在吸毒！

邸运梓妈妈是一个能干、爽快又泼辣的女人，从发现丈夫吸毒的第一天开始，他们之间的斗争就没有停歇过。

开始的时候，邸运梓妈妈丢下店里的工作，时刻关注着丈夫的动向。

虽然他们也有争吵，但大多数时候，邸运梓妈妈都是对丈夫好言相劝，跟他讲吸毒的危害。那时，邸运梓爸爸看起来也是很通情达理的。他承认自己的错误，有时痛哭流涕，甚至会给妻子下跪，边跪边打自己。他保证一定改，再也不吸了。然而，如此的剧情，上演了何止一次两次。

后来，邸运梓妈妈改变了方法。邸运梓爸爸去外地的时候，她也跟着去。她知道，他在外地有一帮吸毒的朋友，他们常常找僻静的地方一起吸毒。

有时当着那些朋友的面，邸运梓妈妈拽起丈夫的胳膊就往外拖，一边拖一边指责他。她想以这种方式让他知道，她对他吸毒是坚决反对和无法容忍的。

感觉在朋友面前失了面子的邸运梓爸爸，回家后就对邸运梓妈妈又打又骂。邸运梓妈妈不怕他，跟他对着打。争吵、哭泣甚至互殴，在他们家已成为家常便饭。

六

先是邸运梓爸爸开的那家店倒闭了；不久，邸运梓妈妈经营的店也关了。随着经营终止，他们的婚姻也走到了尽头。离婚后，邸运梓妈妈离开县城，去了她曾经营的那家品牌服装总部所在的城市。

邸运梓爸爸更不回家了。偶尔回来，邸运梓的爷爷奶奶也不敢说他。他脾气变得越来越坏，常常跟邸运梓的爷爷奶奶要钱。开始的时候，他们还给他一点，但后来，他钱要得越来越勤。

邸运梓的爷爷奶奶虽然都有退休金，但每人每月不到 3000 块钱。爸爸妈妈开店的时候，他们把多年的积蓄都投了进去。后来，他们想从店里把钱拿出来的时候，已经晚了。爷爷奶奶年纪大了，身体也不好，还要管邸运梓。邸运梓妈妈会按时往家里寄抚养费。那笔钱，邸运梓的爷爷奶奶一直没有动，他们替孙子存着，说等他结婚的时候用。更重要的一点是，他们知道儿子拿了钱也不去做正事，他们不想让这笔从牙缝里挤出来的钱打了水漂。

渐渐地，邸运梓爸爸再回家要钱的时候，邸运梓的爷爷奶奶就找各种理由不给他。开始的时候，邸运梓爸爸拿不到钱，只是不高兴，也没怎样。到了后来，只要回家要不到钱，他就对邸运梓的爷爷奶奶又吵又骂。

爸爸每次回家，邸运梓都悄悄地躲起来，他不愿听爸爸大声吵骂。

渐渐地，邸运梓爸爸就很少回来了。邸运梓再听到爸爸的消息时，是两位警察叔叔来邸运梓家了解情况。

邸运梓虽然不太清楚到底发生了什么事，但他隐隐觉得，爸爸出事了。

七

邸运梓爸爸确实出事了。他因为贩毒，被公安机关抓获。很快，邸运梓家的邻居都知道了这件事。

家里出了这样的事，爷爷奶奶觉得在邻居面前抬不起头来，特别是爷爷，自从发生这事后，极少出门。

邸运梓学校的同学很快也知道了这事。

这几年，因为爸爸妈妈离婚，爸爸吸毒，邸运梓的学习成绩已从班级的前几名，渐渐落到了后几名。他曾经的好朋友也离他越来越远，最后基本不跟他来往了。朋友的爸爸妈妈不让自己的孩子跟邸运梓来往，说他有一个吸毒的爸爸，是单亲家庭的孩子，性格不好，怕影响到自己的孩子。

在学校里，邸运梓没有朋友。随着爸爸吸毒的事被公开，又有同学来找邸运梓了，但他们不是想跟他做朋友，而是要欺负他。

邸运梓没有朋友，父母不在身边，学习不好，性格内向，长得不够强壮，这一切，都成了校园暴力者对其施暴的条件。

每次被欺负了，邸运梓都不敢回家跟爷爷奶奶说。爷爷奶奶年纪大了，他不想让他们再为他操心。爸爸的事已经够让他们操心的了。

邸运梓也不敢把被欺负的事告诉老师，欺负他的人每次都威胁他说："你敢告诉老师，就打断你的腿。"邸运梓知道，这些人是能做出来的。在学校里，没有人敢惹他们。

八

邸运梓早就不想上学了，只是爷爷奶奶一直不同意他退学，他就一直这么在学校挨着。

随着那伙人对他的暴力行为不断升级，邸运梓实在不愿再在学校待下去了。他想，反正自己也考不上大学，在学校待着没啥意思，除了被打、被勒索，还要花爷爷奶奶的钱，不如早点去打工，挣点钱帮帮爷爷奶奶。

有一天晚上，邸运梓睡不着，听到奶奶跟爷爷说："运梓眼看着就长大了，连房子也没有，咋找媳妇啊！还有，等他爹出来了，手上没啥技术，又懒，咋混？"

邸运梓家以前住的房子，在爸爸妈妈离婚前，就被爸爸偷偷抵给了别人。他们家现在就只有爷爷奶奶住的这套两室的房子。

邸运梓听到爷爷重重地叹了口气。

一天放学后，那伙人又把邸运梓拦在了学校外边的一个墙角处。带头的老大又跟邸运梓要钱。那天，邸运梓口袋里确实一分钱也没有。

老大斜眼看着他说："你爹贩毒不是能挣很多钱吗？你怎么会没有钱呢？你是欠打吧？"说着，他手一挥，那伙人就朝邸运梓围了过来。

邸运梓知道接下来会发生什么事，他太熟悉了。他咬着牙，一句话也不说，任由那几个孩子对他拳打脚踢。

晚上，邸运梓想了一夜。

第二天，他没去学校。之后，他再也没去学校。任爷爷奶奶怎样劝说，他都拿定主意，再也不去上学了。

邸运梓没有把不上学的事告诉妈妈，怕妈妈生气。

九

邸运梓离开爷爷奶奶，独自去了省城。

初到省城的邸运梓，两眼一抹黑。他不知道应该到哪里去找工作，也不知道自己应该找什么工作。每当想到要面对陌生人的详细询问，他就失去了应聘的勇气。

然而，口袋里的钱越来越少，他必须找一份能糊口的工作。他不停地在街上走着，看到开着的门店，不管大小，都走进去问一下，问人家招不招人。最终，他还真找到了一份在饭店端盘子的工作。虽然工作累，各种不适应，但他毕竟有了一个落脚之地。邸运梓很认真地对待这份工作。

让邸运梓离开这来之不易的第一份工作的，是一次意外。

那天，邸运梓跟平常一样，端着盘子往桌上送菜。他手上端的，是一份糖醋鱼。正当邸运梓要到达那张餐桌的时候，从旁边突然跑出一个小孩来。那是顾客的孩子，一直绕着桌子不停地跑来跑去。

邸运梓想躲开那个孩子，但已经来不及了。情急之下，邸运梓往旁边躲了一下，身体一下失去重心，手上的盘子甩了出去。

盘子落在地上的碎裂声，引来了店老板。店老板看着地上的碎瓷片和摔烂的糖醋鱼，当时什么也没说。

等客人走了，老板把邸运梓叫到办公室，说他这个月的工资没有了。

邸运梓不停地跟老板道歉，说鱼和盘子他赔，求老板能给他一点工资。

但老板说这不是一只盘子和一条鱼的事，摆在邸运梓面前的，有两条路：一是扣掉当月的全额工资，继续在这里工作；二是拿一半工资，然后走人。

邸运梓一气之下，选择了离开。

十

之后，邸运梓做了许多这样那样的工作：送快递、送外卖、私人诊所网络导医、洗车店洗车员、房地产电话营销员、发送传单广告、建筑工地小工等。每一份工作，都因为这样那样的问题而没能长久地干下去。失去一份工作，他就重新再找一份工作。有时，旧的工作还在做，他就又通过网络或朋友找到了新的工作。

到这家炼油厂工作，是朋友介绍的。当时朋友说这份工作不累，比在建筑工地上干强多了，最主要的一点，是工资高。

邸运梓听从朋友的建议，辞掉正在干的工作，去了这家炼油厂上班。

给邸运梓介绍工作的这位朋友，是他以前在洗车店打工时认识的。后来，他们先后离开了洗车店，但一直保留着彼此的微信。

炼油厂的工作并不像朋友在微信里说得那么轻松。

活又脏又累，但工资确实比之前那家要高。为了每个月能多拿点钱，邸运梓就留了下来。

邸运梓的工作是不停地往炉子里添各种废油土、废油沙等。废料燃烧的时候，乌黑的浓烟滚滚升起，呛人的臭味让人喘不过气来。

炉子建在老板家坐落在村外的一处空院子里。邸运梓也听说过，私自炼油是违法的，但他想，自己只是一个打工的，又不是老板，违法是老板的事，跟自己没啥关系。之前也曾有各种检查的人到这个院子里来过，但他们走后，炼油厂并没有停产。邸运梓想，也许这家炼油厂是合法的。

十一

直到那天，几辆车一起开到了炼油厂的大门口，炼油厂的老板被带上车，炼油厂被关停了，邸运梓才真正意识到，这家炼油厂确实是违法的。

然而，他没想到，作为一个打工者，自己也会被带走，被起诉。

经公安机关查证，炼油厂老板王某等 11 人，通过非法炼油，牟取私利。他们 11 人分工明确，2 人负责运输废料，6 人负责炼油，2 人负责处置燃烧后的废油土、废油沙，还专门配有 1 名技术员，负责指导炼油。邸运梓就是 6 个炼油的工人之一。

案发后，经相关部门查证，短短 4 个月的时间，这家炼油厂共非法处置废油土、废油沙 400 余吨，提炼出48.5 吨油，对外销售牟利，剩余蒸馏残渣 340 余吨，未处理的废油土、废油沙近 50 吨。

后经环保部门检测认定，该废油土、废油沙属于危险废物，严重污染环境。经环保科研部门评估，该非法行为造成的环境直接损失及治理费用数额巨大，修复费用为 236000 元，废弃处置费用 2158238 元，鉴定评估费 49794 元。

庭后絮语：

在这起案件中，邸运梓爸爸负有不可推卸的责任。他本人不自律，法律意识淡薄。一个这样的父亲，怎么可能教孩子知法懂法呢？这也造成邸运梓外出打工时，不懂得选择合法的工作，即使犯了法，自己也不知道。在邸运梓的成长过程中，父亲本该是他的引导者，但父亲不但没有尽到责任和义务，而且还带给邸运梓太多负面的东西，使邸运梓幼小的心灵承受着来自各方面的压力。

因为不堪校园暴力及同学的嘲笑，年幼的邸运梓无奈地选择了辍学。

因为年龄小、没学历、没工作经验且从小没有受过苦，离开家的邸运梓遭遇了他这个年纪的孩子不应该经历的磨难。他希望通过自己的努力改变现状，但因为知识、阅历等方面的欠缺，被招到这家私营炼油厂工作时，他竟不知道自己所做的一切都是违法的。直至上了法庭，他还不相信自己已经犯罪。

虽然家庭破裂，但爷爷奶奶还在，他在家有饭吃，有地方住，爷爷奶奶也很疼他。但是，他却执意要离开学校，外出打工，完全不听爷爷奶奶的劝说。

邸运梓要外出打工的时候，爷爷流着眼泪说："你爸爸不在家了，他没有成器。你不能再不成器呀。我要替他把你培养成人。"

对爷爷的话，邸运梓并不太认可。他知道，自己这辈子都不会跟毒品有任何接触。即使爸爸没有出事，他也不会去碰毒品。

奶奶也是不停地哭。奶奶说："你年纪这么小，一个人出去能干啥？咱家里也不是供不起你上学，即使你不读大学，不管咋的，也得高中毕业吧。"

邸运梓想了想，高中毕业太遥远了，他实在等不了那么久。他想离开家，去一个没有人认识他的地方，重新开始生活。

然而他没想到，外面的世界并不像他所想的那么简单。离开了疼他爱他的爷爷奶奶，离开了家，他连自己能做什么都不知道。他稀里糊涂地坐上被告席，成了这起污染环境案的被告。

除了要负刑事责任外，还要负民事责任，邸运梓这几个月在炼油厂挣的工资全都拿出来，还不够民事赔偿的罚金。

检察机关认为，以炼油厂老板王某为首的 11 人的非法行为严重破坏了生态环境，损害了社会公共利益。其行为符合法律规定的检察机关提起附带民事公益诉讼的条件。法院审理后，对该案件做出一审判决，判处以老板王某为首的 11 名被告人犯污染环境罪，老板王某被判处有期徒刑 3 年，并处罚金 3 万元。其余 9 名被告人也分别被判处 1 年 6 个月到 3 年不等的有期徒刑，并处罚金 1.6 万元至 3 万元不等。

案发时，邱运梓因未满 18 周岁，系未成年人，且到案后认罪悔罪态度较好，其亲属当庭缴纳了罚金。法院对其做出判处有期徒刑 8 个月，缓刑 1 年，并处罚金 8000 元的决定。

敖游宇档案：

敖游宇，男，身高 1.74 米，体形中等，方脸，肤色白净。案发时 16 岁零 11 个月，系某中学高一学生。

"朋友"来电

关键词：

盗窃　蓄电池

案件回放：

2015 年 3 月的一天晚上，在家上网的敖游宇接到同学汝起洲约他出去玩的电话，正感到无聊的敖游宇就答应了。

汝起洲的车上还有另外两个敖游宇不认识的人。他不知道汝起洲要带他到哪里去玩，就问了一句。汝起洲说去弄几块蓄电池，换点零钱花。敖游宇当时也有过思想斗争，想下车，但是碍于面子，不好意思开口。后来又心存侥幸，觉得只要自己不动手就没事。

到了一个移动基站后，敖游宇没有动手，只是在车旁望风。

开学后不久，蓄电池被盗案告破，敖游宇被公安机关传唤到案。

检察机关以盗窃罪，对其提起诉讼。

一

通过案前走访得知，敖游宇并非那种常见的坏孩子。他从不欺负弱小，也从不无故迟到旷课，即使上课的时候偶尔走神，也只是自己胡思乱想一番，从不影响别人。

上小学的时候，敖游宇的成绩在班里中等偏上。敖游宇的爸爸妈妈都只有小学文化，他们对他的学习成绩并不是特别关心。

敖游宇爸爸曾不止一次当着他的面说："小宇能上到哪就算哪，反正早晚也是要回家来帮我干。上那么多学有啥用，别人家的孩子早早就下学回来帮爸妈挣钱了，上学的孩子不但不能挣钱，还要往学校交钱，一反一正，亏不少呢。"

敖游宇家的房子临街，爸爸妈妈在南屋的墙上开了一个门，那两间临街的房子，就成了小卖部。

平时，敖游宇妈妈在家看店，爸爸每天骑车到镇上去，他在镇上的商业街摆了一个修自行车、摩托车的摊子。敖游宇家离镇上也就四五里地，爸爸每天吃了早饭早早就走，天黑了才回来。

对敖游宇爸爸的话，妈妈不怎么赞成。妈妈说："我们家就小宇这一个孩子，又不是供不起，还是得让他上大学，咱们家还没出过大学生呢。"

敖游宇爸爸听了这话，就会撇撇嘴，不屑地说："你让他上大学，他可得能考上啊！"

二

敖游宇也不清楚自己能不能考上大学，甚至连能不能考上高中，他都心里没底。连爸爸都这么说，敖游宇对自己就更没有信心了。

敖游宇所在的学校，对教学成绩抓得很严。学校三天两头地组织考试，什么周考、月考、季考，五花八门的考试，敖游宇有时候考得好，有时候考得差。

遇到考试成绩好的时候，敖游宇就在心里想：要努力学习，考上一个好的高中，然后再考一个好的大学。就像妈妈说的那样，家里还从没出过一个大学生呢，就由他来改写历史吧！这种时候，敖游宇就充满了信心，学习也格外努力。

遇到考试成绩差的时候，敖游宇就很失落，对将来考大学的事，也缺少了信心。

不想学习的时候，他就想："反正爸爸也不指望我考大学，爸爸还说我上学误了给家里挣钱呢。能考上高中就接着上，考不上高中也无所谓。我也不是没努力学习，实在考不上，也不怪我。"这样想着，敖游宇的学习劲头自然又降下来了。

敖游宇邻居家的哥哥姐姐们，好多连初中都没读完，就去外地打工了，他们逢年过节回家的时候，都穿戴得光鲜时尚。敖游宇有时也跟他们在一起聊聊天，谈起在外地的打工生活，他们也都是一副很高兴的样子。

从初一开始，敖游宇就对考学和弃学打工两条路犹豫不决。他自己也分不清到底哪条路更好，更适合自己。

敖游宇的爸爸妈妈都忙，关于未来，他们也没有多少建议给他。

敖游宇未来的路，好像就是走到哪算哪，大多数时候都没有明确的目标和方向。

三

初三下半年，想到再有几个月就初中毕业了，敖游宇突然觉得应该在剩下的日子里努力学习。敖游宇当时也不是因为想考上一所好一点的高中。那个时候，同学们都在努力冲刺，在那样的氛围中，敖游宇自然也不想落在后面。还有一个原因，就是敖游宇觉得自己毕竟辛辛苦苦读了将近十年书，如果连高中都考不上，实在有点说不过去，有点丢人。

那些日子，敖游宇不再对那两条路犹豫不决了，他心里只有一个目标，就是考上高中。

几个月的努力没有白费，敖游宇以高于录取分数线五分的成绩，考上了县城的一所高中。收到录取通知书后，敖游宇爸爸对他是否继续读高中没什么意见，说随便敖游宇选择。如果敖游宇选择继续读书，他不反对；如果敖游宇选择外出打工，他同样不反对。

看着那张鲜红的录取通知书，敖游宇妈妈很高兴。她坚决支持儿子继续上学："好多没考上的孩子，家里还拿钱找关系去上高中呢，咱们考上了，一定要上！"

接到高中录取通知书，敖游宇也有点激动。即使妈妈不那么坚决，他也会选择读高中的。虽然考试之前他想的是，考上了也不一定去读，可真考上了，他哪舍得不去读呢！

敖游宇学习成绩虽然不是太好，但他并不厌学。看着那张大红的录取通知书，考大学的梦想，在敖游宇的心中慢慢生根、发芽。

外出打工的想法，渐渐地淡了。偶尔再想起自己以往的想法，敖游宇觉得当初的自己很可笑。自己才十几岁，怎么可以不读书呢？不读书将来有什么出路？

四

敖游宇给自己制订了一个读书计划。他计划用暑假的时间，多读点书。

从上学开始算起，敖游宇在学校待了将近十年，除了课本以外，别的书他基本没怎么读，一是学习时间比较紧张，二是他觉得课外书没那么重要。

学校倒是有一个图书室，但整天锁着，里边有什么书，没有人知道，可能也没有人想知道。在学生眼里，那就是一间房子，一间锁着的房子，和盛放体育器材的房子没什么两样。

敖游宇想读点课外书的想法，始于初中毕业前的一堂课。学校请了一位作家来讲课，专门讲读书的重要性。那位作家所说的读书，并非敖游宇他们平时理解的"上学""学习"之类。她说的读书，就是读课本以外的书。之前敖游宇从未听说过这些话，所以他感觉特别新鲜，也特别激动。

敖游宇说，直到现在，那位作家的好几句话他都还记得。比如作家说："读书可以让自己的内心更丰富、更充实、更柔软，可以让自己更明智、更明事理，使自己的生活更有诗意。"她还说："读书不但可以丰富你的内心，书读得多了，就连外表也会发生变化。读书可以使人的气质得到更好地提升，腹有诗书气自华嘛。你如果想让自己更美丽、更漂亮、更帅气，那就读书吧。"

那位作家还讲了很多很多，都是关于读书的重要性和好处。当时，如果不是面临中考，敖游宇肯定立刻就去图书馆找一摞书搬回家了。

按照作家给大家提供的书目，考试结束后的第二天，敖游宇就骑车去了县图书馆。他家离县城不远，骑车也就一个小时左右。那天，敖游宇吃过早饭就出发了，他骑车到了县城，打听到了县图书馆的位置。敖游宇到图书馆门前的时候，还不到上班时间。

在县图书馆，敖游宇办了他的第一张借书证。望着书架上满满的书，敖游宇不知该先借哪本好。他觉得哪本都好，哪本他都想拿起来好好读读。

敖游宇特别兴奋，他想：这个假期，应该能读不少书吧。与此同时，他心中也有些遗憾，可惜之前不知道读书的重要性，时间都白白浪费了。

五

敖游宇爸爸每天依然早出晚归，敖游宇在家做什么，他从来都不管不问。

敖游宇妈妈整天在家，敖游宇做什么事，妈妈都看在眼里。妈妈看到他看课本之外的那些书，就总说他看"闲书"，说他耽误了学习。妈妈的意思，是想让他趁着假期，把高一的功课先预习一遍。她怕敖游宇上了高中以后，功课跟不上。毕竟敖游宇基础不是很扎实，高中虽然是凭成绩考上的，但成绩并不理想。

以前，妈妈很少管他的学习，也许是纸大红的高中录取通知书，让她突然意识到，儿子能考上高中，就离考上大学不远了。她开始关心敖游宇的学习，好像要把这几年落下的关心统统补回来。

敖游宇当然知道学好高中课程的重要性，但他更想趁假期多读点课外书。之前，敖游宇从未觉得自己还应该读点什么书，但自从听了那位作家的课之后，他突然觉得自己脑子里空空的。书单上的那些书，他一本也没读过，甚至连听都没听说过。作家讲的那些书，那些诗词，他从来都没听说过。作家跟大家互动的时候，他特别想举手说点什么，但是因为不知道说什么，他一次也没有举手。

敖游宇想趁早补上这一课。等学校开学，他就又没时间了。可妈妈对他的做法却一直持否定态度，每次看到敖游宇在读课本以外的书，就怪他不好好学习。敖游宇跟她解释，说自己要多读书，要开阔视野，可妈妈一句也听不进去，就当他是不想学习，在偷懒。

敖游宇妈妈没有多少文化，她或许把儿子的大脑当成了一个固定容器，好像课外书读多了，容器盛满了，就装不下课本上的知识了一样。

禁不住妈妈的监督和絮叨，敖游宇只读了两本书，就再也没去图书馆借书。

妈妈不让敖游宇干活，不让他看别的书，就让他一心学习课本上的知识。爸爸有时想让他干点家务活，妈妈也不愿意。她宁肯自己少睡觉，也不许敖游宇干一丁点儿活，只让他一心一意把学习搞好。

六

敖游宇初中时学习成绩一般，能考上高中，是因为考试前几个月，他突击学习了一段时间。不过他的基础并不好，让他提前预习难度更大的高中知识，根本就行不通。面对摊开的课本，敖游宇觉得脑子里一片空白，不知道应该从何处入手。可是，因为妈妈随时监督，他又不能看别的书，更不能看电视、上网。敖游宇妈妈把监督儿子学习，当成了一件最重要的事。

只有到了晚上的时候，妈妈才允许他看会儿电视或玩会儿电脑。

那天晚上，汝起洲打电话找敖游宇的时候，他正在上网。他随手点开几个网页，感觉都没兴趣。敖游宇正在犹豫，到底应该打开哪个图片链接时，汝起洲的电话打了进来。

汝起洲问敖游宇在忙什么，敖游宇说没什么事，在玩电脑。汝起洲说："电脑有啥好玩的，没事出来玩吧。"

敖游宇想了想，扔下鼠标，准备出门去找汝起洲玩。

敖游宇走到大门口的时候，看到汝起洲已经在门前的路上等他了。汝起洲坐在一辆白色面包车的后座上，向敖游宇招手。

敖游宇上了车，车上还有另外两个他不认识的人。汝起洲告诉敖游宇，副驾驶位置坐的人是他表哥，开车的是他表哥的朋友，他管那个人叫三哥。

敖游宇跟汝起洲上小学时一直在一个班，两家住得也近，上学放学经常一起走，放假的时候也经常一起玩。从初二下学期开始，汝起洲就不上学了。当时他还约敖游宇一起出去打工，敖游宇当时还没想好，就没去。后来，汝起洲就去了济南的一家食品加工厂，在那里打工。

敖游宇不知道他们想去哪里玩。面包车出了村子，一路往南驶去。车上的几个人说着别的话，却没有一个人说到底去哪里。

没事的时候，他们经常到县城去玩。去县城的话，应该是往北走，他们怎么一直往南开呢？敖游宇有些忍不住了，就悄悄地问身边的汝起洲："咱们这是到哪里去玩啊？"汝起洲没有直接回答敖游宇，而是有些神秘地冲他笑了笑说："等到了你就知道了呗。"

敖游宇没有再问，他以为他们是到前边的村子里去找朋友玩。之前暑假大家都不忙的时候，几个人聚在一起玩玩也是常事。

面包车开过了前边的村子，却没有进去，还是一直顺着公路往前跑。敖游宇知道，附近已经没有村庄了。望着路两边黑漆漆的麦田，敖游宇心里敲起鼓来：莫非他们是要去省城玩？

敖游宇出门的时候走得急，只跟妈妈说出去玩一会儿，也没说去哪玩、跟谁一起玩，这真要是去省城玩的话，怕是要到明天才能回来吧。一晚上不回家，妈妈肯定要生气的。

敖游宇忍不住又问汝起洲："咱们到底去哪里玩啊？"

汝起洲的回答，让敖游宇一下蒙了。

七

"前边不是有一个移动的基站吗？咱们反正也没事，过去弄几块电池，换俩钱花花。"

汝起洲轻描淡写地说，但他的话犹如一阵闷雷，在敖游宇的耳边嗡嗡直响。敖游宇愣在那里，好一会儿才反应过来。

"那……那不是偷吗？"敖游宇抹着脸上冒出来的冷汗，结结巴巴地问汝起洲。

"干吗说得那么难听啊，不就是几块电池吗？"汝起洲的表哥转过头，冲敖游宇笑了一下。

开车的三哥也说："一看就是没见过世面，嫩哟！"

敖游宇脸上的汗冒得更多了，双手却像握住一块冰，冷到了骨头里。"弄几块电池，换俩钱花花"，话说得轻巧，但明摆着是去偷啊。敖游宇很后悔接了那个电话，很后悔上了这辆车。他想："千万不能跟他们一起去干这事，我要下车，哪怕自己步行回家，也不能随他们一起去偷！"

在如何跟汝起洲开口这个问题上，敖游宇又犯了难。

他想："如果直接说不想去，让他们停车，我下来的话，汝起洲肯定会生气，以后就不理我了。他一定是把我当朋友，才喊我一起来的。我中途这么退出了，自己心里都过不去。要不我装作突然肚子疼，要下车？那也肯定不行。我跟汝起洲这么多年的同学了，我说了假话，他肯定能看出来。要不我说爸爸今天晚上让我去干什么事，挺急的？可是，家里会有什么事那么急呢？"

这样那样的想法在敖游宇的脑子里快速闪动，每一个拒绝的理由，初想都觉得可以，但仔细一想，又觉得不合适。

敖游宇不知道他们要到哪个移动基站去偷电池。虽然晚上不太容易判断具体的位置，但敖游宇猜测，他们离那个地方，已经不远了。

敖游宇心里急得要命，却一直想不出离开的借口。

八

面包车颠簸着拐上了一条土路，敖游宇的心也随之沉了下去。他知道，移动基站就要到了。

怎么办？敖游宇痛恨自己的软弱，痛恨那通电话，但此时他却不知所措。

车子停在了麦田里，面前就是那个基站。看着他们一个个跳下车，敖游宇双手用力抓紧副驾驶的椅背，心里怦怦怦狂跳不止。

"不愿去干活，你就在这儿看着点吧。"汝起洲说着，抓住敖游宇的胳膊，把他拉下了车。

风吹过来，从脖子一下就灌遍了全身。敖游宇抱紧了胳膊，浑身上下不停地抖着。他把身体靠在面包车上，才勉强没有倒下。

汝起洲他们三个人朝不远处那个小屋走去。不知过了多久，他们前后脚回来了，把手上拿的东西放进车里，又折回了小屋。

因为太紧张了，敖游宇记不清汝起洲他们来回走了几趟，也不知道他们往面包车里装了多少块电池。当时，敖游宇只觉得脑子里一片空白，除了恐惧，好像啥都没有了。

到底是谁把他拉上车的，敖游宇也不记得了。面包车拐上公路，敖游宇以为他们是往回家的方向走的，其实并不是。敖游宇脑子里一片混乱，无法辨清方向。

面包车又去了一个通信基站。最后，汝起洲他们把车开到了一个废品收购点。下车后，汝起洲跟里边的人说了些什么，之后，汝起洲他们七手八脚地把车上的东西搬下来，拿了钱，然后就开车回家了。

路上，汝起洲他们把钱分了。每个人分了多少钱，敖游宇也不知道。汝起洲塞到敖游宇手里200块钱，他本能地不想要，但汝起洲抓住敖游宇的手，连同手里的钱一起塞进了他的口袋。

敖游宇没有再拒绝。

九

当天晚上回到家，敖游宇几乎一夜没合眼，越想越后怕。

天快亮的时候，他才迷迷糊糊地睡了一会儿。梦里听到警车的声音，好像就在他家门口，敖游宇一下子就醒了。

那些天，敖游宇一直不敢出门，饭也吃不下，觉也睡不着，门外有一点动静，他都能吓出一身冷汗来。

回忆那天晚上的事，敖游宇越想越后悔，觉得自己真傻，真是没脑子，那么费尽心思地找借口，结果找了半天也没找到，还是稀里糊涂地跟着他们去了。这种事还需要找什么借口呢，直接拒绝就好了。

假期结束后，学校开学了，汝起洲也回单位上班了。时间久了，敖游宇觉得心里的压力小了一点。他心存侥幸，觉得事情都过去好多天了，警察没有找来，可能是这个案子破不了了。他又想到，万一真的破了案，反正自己没偷，连基站的大门也没迈进去半步，大不了把汝起洲给他的那200块钱退回去就是了。

然而，事情并不像敖游宇想得那么简单。

那天是周末，敖游宇正在家里写作业，有电话打进来。敖游宇以为是同学找他，就没在意。等把电话接起来，对方告诉敖游宇，他是辖区派出所的民警，因为敖游宇的身份证信息有点问题，请敖游宇尽快到派出所去一趟。

放下电话，敖游宇就瘫倒在了椅子上。虽然他没听说汝起洲出事，但他知道，肯定是那天晚上的事被警察查出来了。

刚开始，敖游宇不敢把警察打电话的事告诉爸爸妈妈，怕他们知道了担心，可他一个人又不敢到派出所去。想到被抓后，学校的老师和同学就都知道了他参与偷盗的事，敖游宇忍不住哭了起来。往后，自己还咋有脸见大家呀！妈妈还一心盼着他能考上大学，可出了这样的事，他还有机会再上学吗？

法庭上，敖游宇痛哭流涕。他哭着说："现在想想，我真是恨自己。知道他们要去盗窃之后，我内心是非常不想去的。我知道那是盗窃，是犯法的事。可是，当时我为什么就不能理直气壮地下车呢？我跟汝起洲一直是朋友，哪想到他却把我害了。他的那个电话，把我的整个人生都改写了。当然，我也有错，不可饶恕的错。我是非不分，关键时刻不果断，害了我自己，也让我的爸爸妈妈失望了。"

庭后絮语：

在这起案件中，敖游宇的父母对待他的教育及未来发展的态度，极大地影响着他的思想。

在敖游宇父亲看来，读书没什么用，还不如打工挣钱来得实惠。"上学要花钱，打工能挣钱。这一反一正，差了多少啊！"这一直是敖游宇父亲的真实想法。他看到村里跟敖游宇差不多大的孩子好多都出去打工了，也巴不得敖游宇马上出去挣钱。至于儿子的前途、未来，他大概想都没有想过。

敖游宇父亲的思想与言行，极大地影响着尚未成年的敖游宇，致使他从小就没有前进的目标和方向，在"读书"与"打工"之间摇摆不定。因为缺少动力，没有方向，他的学习成绩也一直不理想。

初中即将毕业时，班里的学习氛围感染并影响了敖游宇。他努力学了几个月，考上了高中。

这是一个契机。敖游宇心中燃起了一团向上的火。而那位作家的讲座，也让敖游宇有了前进的方向。他想读书，想开阔自己的视野，计划利用暑假的时间读书。

此时的敖游宇，渴求知识，在求知的路上，朝着目标，准备努力向前。如果此时家长能给予他正确的引导和积极的肯定，那么敖游宇很可能迎来他人生中一次重要而积极的转折：认清学习的意义，进而获得自主学习的能力。

然而，敖游宇母亲却不允许他读课外书，觉得他不学习课本知识就是"偷懒"。虽然她鼓励儿子读书，但儿子读的书，必须是与学校考试有关的。在她的观念里，除了与考试有关的，其他的书都是"闲书"，读"闲书"就是浪费时间。她错误地把"提高学习成绩"同"提高学习能力"画上了等号。

敖游宇的父母作为他受教育过程中最重要的参与者，

却一味打压敖游宇读书的积极性，最终导致敖游宇在寻找人生目标和树立是非观念最为关键的时刻，丧失了这样的能力。

可以说，正是家长的偏颇和过分功利的教育理念，影响了孩子成长中自我意识的强化，使孩子变成了迷惘的"空虚人"，最终也导致了敖游宇不辨是非的悲剧。

遇到问题时，敖游宇的优柔寡断、瞻前顾后、不坚决、不果断，也是导致该事件发生的根本原因。

知道汝起洲的动机时，他应该果断拒绝，而不是费尽心思地找各种离开的借口。这是犯罪，拒绝犯罪，难道还需要借口吗？就如同有人假借友谊之名，要把你往火坑里推时，难道你还要找出一个完美的理由，让那双推你的手停下来吗？不！你要做的，就是坚决、果断、彻底地拒绝，不需要任何理由。你应该知道，这时不论你用哪种方式拒绝，都不过分。在这件事上，是他对不起你，而你不欠他一分一毫。

桂思贝档案：

桂思贝，男，初中文化。身高 1.68 米，体形偏瘦，皮肤较白，大眼睛。因犯走私、运输毒品罪，被判刑。案发时，桂思贝 17 岁零 10 个月。

无航道飞翔

关键词：

父母离异　辍学　走私　运输毒品

案件回放：

桂思贝爸爸出轨后，妈妈选择了离婚。从此，桂思贝爸爸不知去向，妈妈也离开了家，很少回来。桂思贝由姥姥姥爷抚养长大。

因为不断遭遇校园暴力，学习成绩也不好，桂思贝选择了辍学打工。他做过很多种工作，都因不合心意而辞职。在找新工作时，桂思贝从 QQ 群里看到一个"高薪日结"的工作。他联系发布者后，了解到是人体贩毒，依然前往工作地点。因为无法适应人体贩毒这种工作，他做了人体贩毒的招募者。最终，桂思贝被公安机关抓获归案。

一

法庭上的桂思贝，表情漠然，脸上看不出一般未成年犯常有的紧张、胆怯、无助、悔恨、茫然等。桂思贝平静地坐在被告席上，面对法官、陪审员和公诉人，就像在某个公共场所面对一群毫不相干的陌生人一样。

其实，桂思贝是第一次走进审判庭。与那些数次走进这个地方的孩子相比，他对这个地方应该很陌生，内心也应该充满恐惧，但是从他的脸上，却看不到一丁点儿的表情。

对审判长和公诉人提出的问题，他语言简洁，却回答得清楚明了。每次回答问题的时候，他都盯着审判桌外部边缘的某个地方，好像那里写着问题的答案。回答完问题，他的目光就往回收，盯在审判桌里边的某个地方，微微低了头，一动也不动。

与以往开庭审理的未成年犯案件不同，桂思贝的监护人没有到场。

为了保障未成年人的权益，未成年犯案件不公开审理，除当事人的监护人和辩护人外，其他人员一律不得进入审判庭。不过，每起案件开庭前，未成年犯的众多亲属都会提前来到法院，等待未成年犯被押解过来的时候，看看孩子。案件审理的时候，因为不能进入法庭，他们就在走廊上，等待审理结果。

桂思贝被法警押解过来的时候，走廊上没有一个与他有血缘关系的人。他的亲朋好友，没有一个来到这里。

鉴于桂思贝的情况特殊，检察机关专门聘请了一名法律援助律师，为他出庭做辩护。

二

桂思贝是由姥姥姥爷带大的。

桂思贝只有一岁多的时候，他的爸爸出轨后离开了家。不久，桂思贝的爸爸妈妈离婚了。

当时，桂思贝爸爸想争夺抚养权，但桂思贝妈妈无论如何也不把桂思贝给他。最后，鉴于桂思贝年纪小，需要妈妈抚养照顾，且桂思贝爸爸是过错方，综合各种因素，法院最终把桂思贝判给了妈妈。

桂思贝不到两岁的时候，妈妈把他留给年迈的姥姥姥爷抚养，自己去了深圳打工。从此，桂思贝一两年才能见妈妈一面。

桂思贝爸爸再婚后生活并不幸福，而且经济条件越来越差。刚离婚那两年，他偶尔还会去看看桂思贝，给他买点东西。后来，他不仅不去看桂思贝，甚至连抚养费也不给了。

好在桂思贝的姥爷每月有几千块钱的退休金，一家三口生活虽不富裕，但也安定。

桂思贝妈妈到了南方后，生活一直不顺。她不停地换工作，不停地换地方，越换越不满意，越不满意就越换。到了后来，桂思贝妈妈不用说拿钱养家养孩子了，她不让自己挨饿，就已经是万幸了。桂思贝的姥姥姥爷常常还要接济她。

也许是一直混得很差的缘故吧，桂思贝妈妈回家的次数越来越少了。虽然家中老小都需要她照顾，但她极少回来。即使偶尔回来，她也不知道该怎样照顾父母，照顾自己的孩子。其实，桂思贝的姥姥姥爷盼着她能照顾好自己，他们就谢天谢地了，从不奢望女儿能照顾他们。

三

幼年时的桂思贝，虽然缺少父母的关爱，但姥姥姥爷特别疼爱他，凡事都由着他、依着他。姥姥常说："没爹没娘的孩子苦啊，咱不能再难为孩子。"

姥爷没多少文化，爱喝酒，喝醉了就哭。姥爷哭了，姥姥常常也会跟着哭。桂思贝见姥姥姥爷哭，也跟着哭起来，一家人就哭成了一团。

桂思贝小的时候常常想，等他长大了，一定好好孝敬姥姥姥爷，让他们享福。至于爸爸妈妈，桂思贝很少想起，他连他们的样子都有点记不起来了。

小学低年级的时候，桂思贝的学习成绩还可以，一直中游偏上。到了小学高年级，他的学习成绩越来越差。小学毕业的时候，他的成绩在班里已经排到倒数三名之内了。

随着学习成绩下降，桂思贝越来越不愿上学了。他觉得以自己这样的成绩，上不上学没什么区别。

桂思贝的姥姥姥爷虽然没什么文化，但还是想让桂思贝上学。他们说，桂思贝妈妈就是因为没文化，所以好多事想不开，也找不到好工作。

姥姥姥爷的话，桂思贝也信，也不信。他觉得，妈妈找不到好工作，是因为机遇不好，也可能是因为她性格不够开朗，思想不够创新。他想不明白，一个大活人，怎么可能找不到工作，连自己都养活不了呢？

桂思贝几次想辍学，姥姥姥爷都不让。他们觉得，如果桂思贝离开学校，就是他们没把孩子管好。桂思贝的父母不在身边，他们不能让这个孩子过早地到社会上去吃苦受累。那样的话，他们对不起桂思贝妈妈。

碍于姥姥姥爷的阻拦，桂思贝就一直忍着，没有离开学校。

四

桂思贝个子矮，学习成绩不好，父母又不在身边，很自然地就成了校园霸凌的对象。班上有一个男生，长得高大结实，经常欺负桂思贝。被欺负的时候，桂思贝只能找个没人的地方，偷偷地哭。

桂思贝不敢把在学校里被欺负的事告诉姥姥姥爷，他知道他们年纪都大了，即使告诉了他们，他们也没办法，

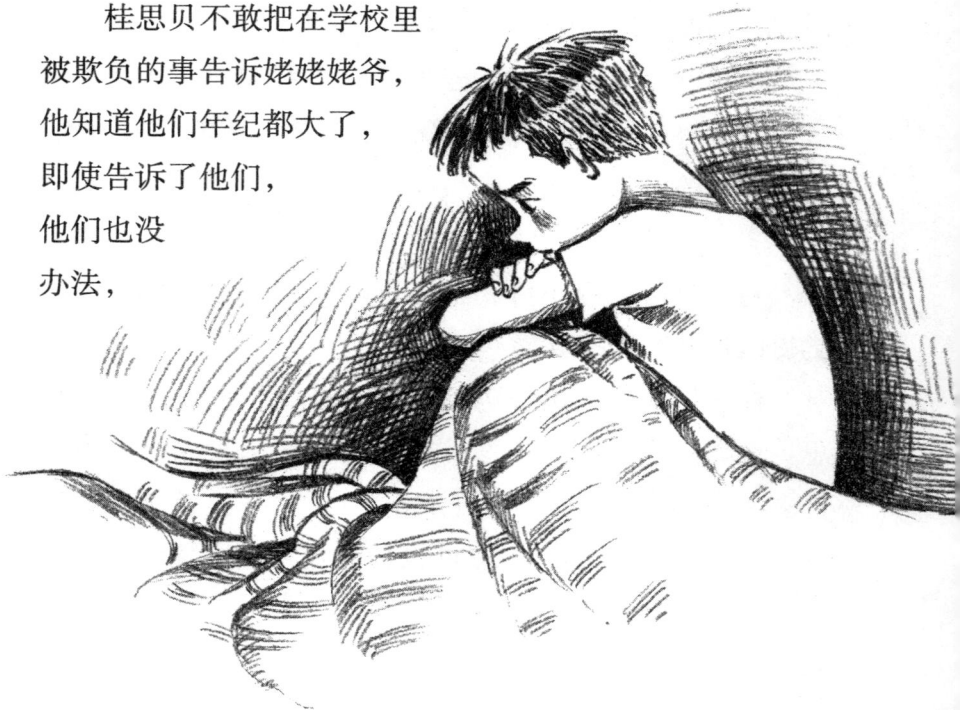

只会更担心他。姥姥姥爷为了妈妈的事，已经够操心的了，桂思贝不想再因为自己的事让他们操心。

妈妈偶尔回来的时候，桂思贝很少跟她说话，他不知道应该说什么。有时晚上睡不着的时候，他觉得有好多话想跟妈妈说，但真的见到妈妈，他又不知从何说起了。妈妈在家的日子，桂思贝每次放了学，都要在外边磨蹭好久才回家，他不知道应该如何面对妈妈，好在妈妈在家待的时间不长。

每次妈妈离开家后，桂思贝心里又觉得像是少了点什么。他有时虽然心里恨妈妈，恨她在自己那么小的时候就把自己丢下，一个人去了那么远的地方。可每当想到面容憔悴、不停地吸烟的妈妈时，桂思贝的心就忍不住地痛。他知道，妈妈生活得不容易。他有时会想，等自己将来能挣钱了，就把妈妈接到身边，照顾她，让她有一个幸福的晚年。

桂思贝遭遇的校园霸凌不断升级。因为他不敢还手，一味忍让，不敢把事情告诉老师和家长，欺负他的孩子越来越多。后来，就连外班的孩子，也都找机会欺负他。

桂思贝觉得自己在学校实在无法待下去了。反正他从来也没想过要考高中，考大学，与其在学校里受欺负，还不如离开学校，找个地方打工挣钱呢。

在桂思贝的想象中，工作机会应该到处都是，只要肯干，就不会挣不到钱。

桂思贝很兴奋，似乎看到一摞摞钱币正排着队朝自己走来，自己就要成为有钱人了！

五

桂思贝把书包背回家的时候，姥姥哭了。随后，并没喝酒的姥爷也哭了。他们劝桂思贝回到学校去，至少也要读完初中。他们不知道不满十五岁的桂思贝离开学校能干点啥。

"学校外头的苦和难，你是不知道啊！"姥爷哭着对桂思贝说。

桂思贝想不到外边能有啥难的。找个工作，好好干，不比在学校硬撑着强？

桂思贝主意已定，任姥姥姥爷怎么劝说，执意不再回学校上学。

桂思贝离开学校后，在家里待了不到十天，就离开姥姥姥爷，去了省城。

桂思贝对未来充满信心。

然而现实并没有桂思贝想象的那样美好。刚开始，桂思贝还想着跟老板谈工钱的时候一定多要一点，这样才能显出自己的价值。他还想，找的工作不能太累，周末不能加班，最好也不要有夜班。

桂思贝万万没想到，他接连跑了三天，竟然毫无结果。以往经常看到招工广告，好像到处都在招工，到处都需要人，可等到他去应聘时，为什么就没有一个单位想要他呢？

转悠到一家地下商场门口，在电梯旁边，桂思贝遇到一个发小广告的小伙子，桂思贝接过他递来的一张彩纸，上面几乎全是招工广告。

以往，桂思贝最烦这种小广告了。每当有人想递给他的时候，他连看都不看一眼，就直接走开了。可这回，拿着这张小广告，桂思贝觉得特别亲切。他在电梯边的一个台阶上坐下，开始看那张广告。

广告上那些用人单位，开出的条件都不错。桂思贝有些纳闷：自己跑了三天，咋一家这样的单位也没碰到呢？

六

桂思贝按照广告上的招工信息，逐一去应聘。

马不停蹄地奔跑了两天后，桂思贝才明白过来，小广告上的招聘信息充满了各种陷阱，连他这样单纯的人，到了那里也一下就识破了：有的只列了优厚的条件，但另一部分苛刻的条件，却没有在广告上出现；有的看似条件宽松，其实各种要求都很严苛……桂思贝万万没想到，找个工作竟然会这么难。出来之前他在心中想好的条件，经过这几天，一降再降。他想，不论工资待遇如何，只要有单位要，他就会应下来。即使这样，还是没有单位想要他。

桂思贝出来时带的钱越来越少了，他急于找到一个能管他饭吃的地方。

终于，一家不大的鞋店老板同意用他，开出的条件是：管住，每月底薪500元，提成按实际销售的0.5%计算；每天的工作时间是从早晨8:30到晚上9:30，节假日照常上班；有事请假，但要扣工资。

桂思贝有些犹豫，觉得工作时间太长，而且连节假日也没有；再就是提成太少了，店里的鞋子能超过一百块钱的应该不多，卖掉一双鞋子，才几毛钱的提成。

老板带着桂思贝到各处看了看，住的地方在门店的二楼，其实是一个仓库，里边堆满了鞋子，有带包装盒的，也有没带盒子的，堆在一起，像小山一样。进门的地方，放着一张很小的折叠床。房间里满是橡胶和说不出的味道。

桂思贝本想摇头拒绝，但还是点了点头。

接下来的日子，桂思贝经历了他有生以来最难熬的时光。老板苛刻，顾客挑剔，他不是被老板骂，就是被顾客骂。

有一次，一个顾客嫌他脸色不好看，说他"像欠你八百块钱似的"。桂思贝心里也正烦，就回了顾客一句"我就这样"。结果，顾客不干了，对着他又吵又骂，最后竟然把那只正在试穿的拖鞋一下甩到了桂思贝的脸上。

幸亏外出有事的老板这时回来了，否则还真不知会闹到什么地步呢。

事后，老板狠狠地骂了桂思贝一顿，还扣了他 200 块钱工资。

桂思贝真想不干了，可不在这里干，他又能到哪里去呢？

七

桂思贝接连换了几份工作后，越来越喜欢换工作了。稍有不如意，他就辞职。他觉得，工作有的是，没必要在一棵树上吊死。快递员、服务生、外卖员、包装工、洗车工……甚至连医院门口的医托，他都做过。只要能挣到更多的钱，桂思贝啥都想做，啥都敢做。

在省城待了一段时间，桂思贝觉得烦，就想出去走走，至于要到哪里去，他心里也没数。

后来，桂思贝一个人跑到了广东。

对广东那边的情况，桂思贝一无所知。他也没想好到了那边做什么，甚至到火车站的时候，他还没有想好要买去哪个城市的车票。当时，桂思贝抬起头，看到售票窗口上方的滚屏上显示了一班去往广州的列车信息，于是他就买了那班列车的车票。

刚刚离开姥姥姥爷的时候，桂思贝常常想他们，有时夜里睡不着，想到姥姥姥爷，他就忍不住偷偷流泪。不过，他很少打电话给姥姥姥爷，一是忙，没时间；二是不愿打电话给他们，他自己也说不出为什么。

姥姥姥爷常给他打电话。桂思贝有时特别想听到姥姥姥爷的声音，有时又特别不愿接他们的电话。他怕他们没完没了地絮叨，更怕他们哭。

后来，他渐渐地习惯了一个人生活，给姥姥姥爷打电话的时候就更少了。不定什么时候，他就会换一个电话号码。姥姥姥爷经常不知道他换号了。他们打电话给他的时候，也越来越少了。

妈妈那边，他更是极少联系。虽然他也曾想过等自己有了钱，就接妈妈到身边，好好孝敬她，让妈妈安度晚年，但即便是过年，他有时也懒得打一个电话给妈妈。

不工作的时候，桂思贝最喜欢做两件事：一是玩游戏，二是通过各种渠道搜集招工广告。他总觉得，一个能赚大钱的信息，一个绝好的机会，说不定就藏在不起眼的小广告上。

让桂思贝觉得惊喜的那个招聘信息，就是他在 QQ 群里看到的。

八

到广东后，找工作更加困难，虽然机会比较多，但是来找机会的人也多。像桂思贝这样既没文凭又没工作经验的年轻人，到处都是。

来到广州的第二天，桂思贝在一个"日结高薪兼职" QQ 群里看到了一条信息。

桂思贝打开信息，看到了推送内容：高薪诚聘赴外地出差人员，要求能适应长途汽车、火车长时间奔波，身份证无案底；工作地点在云南昆明周边；包吃住，每次 1 万~1.5 万元；出差回来后，工资当日结清。

桂思贝觉得这份工作很适合自己。他很喜欢坐车，特别是夜里开的车。夜深人静的时候，坐在飞驰的火车或汽车里，桂思贝觉得就像飞起来一样，太爽了！

桂思贝通过查询，得知此信息可能是在招聘运毒人员。看到丰厚的薪酬，他想也没想，就加了发布者留下的微信号，开始私聊。

通过聊天，桂思贝确认了那条信息所招聘的，就是运输毒品人员。

信息发布者在微信里告诉桂思贝，他们的线路都是百分之百安全的，沿线有许多他们自己的人，让桂思贝放心。

桂思贝跟信息发布者说，自己没钱买去云南的车票。信息发布者很爽快，当即表示可以转账给桂思贝，让他买火车票，但有一个条件，就是让桂思贝手持自己的身份证，拍一张照片给他。桂思贝照做了，很快，对方转过来的钱就到了桂思贝的银行卡上。

　　桂思贝买了一张当天晚上去往昆明的火车票。他按照信息发布者的要求，在火车站又手持火车票拍了一张照片，用微信发给了对方。

　　桂思贝登上了广州开往昆明的火车。看着或灯火通明或黑暗如墨的窗外景致，桂思贝感觉自己飞了起来。

九

　　到达昆明后，桂思贝又按信息发布者的要求，乘坐汽车辗转到达一个小县城。之后，有一个男人接他，开车把他送到了一条河边，送上了一条船。桂思贝不知道那个接送他的男人是谁，叫什么名字，也不知道那条河是什么河。桂思贝稀里糊涂地坐到了船上。

　　船行驶到对岸，又有一个男人骑着摩托来接他。

　　桂思贝坐在摩托后座上，感觉街上的景物特别陌生，不知道自己在哪里。

　　骑摩托的男人把桂思贝送到了一个不大的旅馆。在旅馆里，桂思贝见到了信息发布者。

　　原来，他已身在缅甸。桂思贝没想到，他竟然到了国外。

　　第二天，信息发布者教桂思贝开始工作。他拿来60粒拇指大小、包装完好的毒品，要求桂思贝把它们吞到

肚子里。他告诉桂思贝，只要桂思贝顺利到达国内指定的地点，把货排出来，就能得到1万元的报酬。

为了防止桂思贝泄密，对方先把他的手机没收，然后将桂思贝吞食毒品的过程做了全程录像。他还威胁桂思贝说，万一途中出现什么意外，他会找人把桂思贝打死。

来的时候，桂思贝只想着能赚大钱，没想到还有这么多事，他心里非常害怕。

最让桂思贝不能忍受的，是吞毒品。看着那一颗颗毒品，桂思贝心里充满了恐惧。在对方的逼迫下，桂思贝把毒品放进嘴里，却无论如何也咽不下去。前前后后折腾了两个多小时，他才吞下去4颗。看着面前的一堆毒品，他实在不知道何年何月才能把它们都吞到肚子里。

对方可能也觉得桂思贝不是很适合做这份工作，于是要求桂思贝把车票钱退回来，然后走人。桂思贝口袋里一分钱也没有了，他苦苦哀求，但对方就是不放他走。

最后，对方要求桂思贝留下，在网上帮他们招聘运毒人员。

桂思贝就这样留在了缅甸。

十

留下来的桂思贝，做起了帮毒贩招聘运毒人员的工作。

按照规定，桂思贝每周必须招到一定数量的运毒人员，否则就会招来一顿毒打，或者被扣掉工资。

为了能完成任务，免受处罚，桂思贝在 QQ 群里大量发布招聘信息。有意向的人员，他就通过私聊的方式，向对方介绍工作的性质、待遇等详细情况，鼓动对方通过人体运毒致富。

桂思贝前后招募了十余人，得到 4000 多元的报酬。

后来，桂思贝实在不愿继续做下去了，终于逮到一个机会，逃回了国内。

2018 年 1 月，江苏警方根据所掌握的线索，在江苏某机场将运送毒品的犯罪嫌疑人叶某抓获。根据叶某供述，江苏警方顺藤摸瓜，在河北省的一个汽车修理厂里，将桂思贝抓获。

经多方调查、取证，警方证实，在被公安机关抓获的运送毒品人员中，有 2 人系由桂思贝招募。这 2 人共涉嫌运输毒品 79 包，共计 395 颗。

桂思贝因涉嫌走私、运输毒品罪，被抓捕归案。

案发时，桂思贝尚未满 18 周岁，系未成年人，且系初犯。到案后，其认罪态度良好。法院依据桂思贝所犯罪行的事实，采纳了检察机关的公诉意见，一审判处桂思贝有期徒刑七年六个月，并处罚金 5000 元。

庭后絮语：

本案中的桂思贝，因为家庭和个人原因，提前离开学校，步入了社会。

桂思贝一心想着发财致富，但既无学历又无工作经验，想致富的梦是何等不现实啊。他自己却没有意识到，他以为只要好好干，就能发大财。

乍一看，离开学校的桂思贝没有偷懒，也没有在家啃老，而是选择了外出工作，在外边的日子，也是不停地奔忙，但是他忙来忙去，却不清楚自己想要什么。

真正进入社会，处处碰壁后，桂思贝还是没有认识到自己提前离开学校的错误做法，而是一再地换工作，以期能遇到一个让他发财的机会。

他先是从自己家乡所在的小县城去了省城，之后又从省城去了广州。偶尔看到滚屏上出现的"广州"两个字，他就买了去那个城市的火车票。他像一只小飞虫，不停地飞着，飞着，但他的飞翔没有目标，也没有方向。

貌似看到天上掉下来的大馅饼时，桂思贝没有认真地思考，而是不辨是非地慌忙飞奔过去。即使到了缅甸，残酷的现实也没有让他醒悟。为了生存，为了赚到更多的钱，懵懵懂懂中，他成了国际贩毒团伙中的一员。

《中华人民共和国刑法》第三百四十七条规定：走私、贩卖、运输、制造毒品，无论数量多少，都应当追究刑事责任，予以刑事处罚。

走私、贩卖、运输、制造毒品，有下列情形之一的，处十五年有期徒刑、无期徒刑或者死刑，并处没收财产：

（一）走私、贩卖、运输、制造鸦片一千克以上、海洛因或者甲基苯丙胺五十克以上或者其他毒品数量大的；

（二）走私、贩卖、运输、制造毒品集团的首要分子；

（三）武装掩护走私、贩卖、运输、制造毒品的；

（四）以暴力抗拒检查、拘留、逮捕，情节严重的；

（五）参与有组织的国际贩毒活动的。

走私、贩卖、运输、制造鸦片二百克以上不满一千克、海洛因或者甲基苯丙胺十克以上不满五十克或者其他毒品数量较大的，处七年以上有期徒刑，并处罚金。

走私、贩卖、运输、制造鸦片不满二百克、海洛因或者甲基苯丙胺不满十克或者其他少量毒品的，处三年以下有期徒刑、拘役或者管制，并处罚金；情节严重的，处三年以上七年以下有期徒刑，并处罚金。

桂思贝的飞翔，没有目标，没有方向。如此飞翔，终会受伤。

蔚梓辰档案：

蔚梓辰，男，高职在读。身高 1.83 米，体形偏胖，方脸、大眼睛、高鼻梁。喜欢玩游戏，喜欢飙车。案发时，蔚梓辰 17 岁零 3 个月。

弯道上的跌落

关键词：

父母离异　逃学　车祸　盗窃罪

案件回放：

逃课在一家洗浴中心打工的某高职二年级学生蔚梓辰，多次趁老板休息的时候，从前台偷偷拿走老板的车钥匙，开车去兜风。

蔚梓辰对老板购买的新车更是眼馋。某天晚上，蔚梓辰终于找到机会，开着老板的新车，带上女朋友，兴奋地去兜风。因为对新车不熟悉，车速又太快，在躲避迎面开来的一辆大货车时，他撞倒路边的一棵树，连人带车滚下了海滩。

车辆损坏严重，双方协商未果，洗浴中心老板以盗窃罪将蔚梓辰起诉。

一

蔚梓辰的成长经历可谓复杂，除了亲生父母外，他先后曾有两个继母，三个继父。

蔚梓辰爸爸曾是一名企业家。蔚梓辰很小的时候，在他爸爸工厂里上班的，有好几百人。当时工厂每年的盈利都会超过100万。那是一家在当地很有影响的海鲜加工企业，以加工、冷藏和运输高档海鲜为主。

蔚梓辰爸爸还曾当选过本地的人大代表，蔚梓辰从一本当地印刷的杂志上看到过爸爸的照片。那时，爸爸身穿一套深蓝色西装，系着红色领带，胸前别着一朵大红花。蔚梓辰简单看了一遍照片下边的文字，对爸爸当年的企业情况，有了一些简单的了解。但他不明白的是，那么大一个企业，怎么说没就没了呢？

蔚梓辰两岁的时候，随着爸爸妈妈关系的破裂，那个海鲜加工厂也以令人难以想象的速度垮掉了，留下了一个日渐破败的厂房和几个上门讨债的人。

爸爸妈妈离婚的时候，蔚梓辰跟了妈妈。因为蔚梓辰妈妈是无过错方，所以离婚的时候，她分到了一套200多平方米的房子和600多万元的现款。

本来，蔚梓辰和妈妈应该是衣食无忧的，但是蔚梓辰妈妈不甘心过这样平淡的日子，痛苦伤心了一些日子后，她突然想经商，想让手上的钱尽快翻番，其实更多的是想让蔚梓辰爸爸后悔。

二

蔚梓辰妈妈兄妹三人，她最小，还有一个哥哥和一个姐姐。在娘家时，蔚梓辰妈妈没吃过什么苦，也没受过什么累。

当年，蔚梓辰妈妈中专毕业后，就嫁给了蔚梓辰爸爸。虽然两个人在一起共同生活了近五年，但经营上的事，蔚梓辰妈妈从来没有管过，甚至连问都没问过。

蔚梓辰妈妈喜欢看言情小说，她是那种多愁善感、有点单纯又有点小资的女人。据说当年上学的时候，她还写过一大本子诗歌。

蔚梓辰的爸爸妈妈刚离婚的时候，蔚梓辰的舅舅和大姨都劝蔚梓辰妈妈不要经商，说她不是经商的料。可蔚梓辰妈妈不听劝，一门心思地想经商挣钱，任谁都拦不住。

也就是在这时，蔚梓辰妈妈认识了一个支持她经商的男人。那是一个长相英俊又能说会道且体贴的男人，但没有正当职业。

那个男人也想经商，整天做着赚钱的梦。他们两个人相遇后，一拍即合，想一起经商赚钱，后来发展到想一起生活。不久，那个男人成了蔚梓辰的第一任继父。

那个男人和蔚梓辰妈妈结婚后，并没有急着去搞经营，而是把年幼的蔚梓辰丢给姥姥，开始了他们的蜜月旅行。他们游完国外游国内，游到海南的时候，不知那个男人是如何跟蔚梓辰妈妈说的，蔚梓辰妈妈没跟任何人商量，就把卡上的钱全都取出来，在那里买了一套房子。回来后，蔚梓辰妈妈又用家里的房子做抵押，贷了一笔款，说要去海南做生意。

去海南的时候，是蔚梓辰的第一任继父和妈妈两个人一起去的。蔚梓辰妈妈跟他姥姥说，等她在那边安顿下来，就把蔚梓辰接过去。

过了半年多，蔚梓辰妈妈回来了。她是一个人回来的。她回来并不是要接儿子去海南，而是在家里住了下来。

蔚梓辰的姥姥问她什么时候回海南，她摇了摇头说："不回去了，在那边的生意赔了。"

后来家里人才知道，那个男人把海南的房子也抵押出去，拿钱跑了。蔚梓辰妈妈在那边实在过不下去了，才回了老家。

三

蔚梓辰小时候，从来不知道想爸爸。爸爸妈妈离婚时，蔚梓辰只有两岁，他的脑海里根本就没有爸爸的影子。

后来，蔚梓辰慢慢长大了，看到别的小朋友都有爸爸，有时就会问姥姥："我爸爸在哪里?"这时，姥姥就会骂蔚梓辰爸爸，骂他"没良心"，骂他"被狐狸精勾了魂"，说他扔下蔚梓辰和妈妈，跟别人结婚了。

蔚梓辰后来知道了，那个被姥姥骂作"狐狸精"的女人，就是他的第一个继母——爸爸公司里曾经的会计主管。听说那个女人是大学生，和蔚梓辰爸爸结婚的时候，两人的孩子都快生出来了。

像所有这个年纪的孩子一样，蔚梓辰经常想妈妈。妈妈离开家的那些日子，蔚梓辰整天哭着找妈妈，想起妈妈就哭，一边哭一边到处去找。各个房间里、院子里、院子外边的柴草垛里，甚至连邻居家，他都不放过，一遍又一遍地找。

蔚梓辰哭得厉害了，有时姥姥也陪着他哭。邻居家的奶奶们，也常常陪着蔚梓辰掉眼泪。蔚梓辰就这样哭了快半年。等妈妈真的回来了，他却不跟妈妈亲近了。

蔚梓辰整天跟在姥姥身后，牵着姥姥的衣襟，生怕一转眼姥姥就不见了。到了晚上，他死活也不跟妈妈一起睡。有时他在姥姥被窝里睡着了，妈妈悄悄把他抱到自己的床上，可等他醒来看不到姥姥，就又哭起来。

开始的时候，妈妈见儿子不跟她亲近，很伤心，也常常落泪。后来，妈妈又有了新的恋情，大部分注意力都转移到了那个新认识的男人身上，也就不再哄着儿子跟她在一起了。

四

蔚梓辰是在姥姥村里上的小学。那时，蔚梓辰妈妈跟另一个男人刚结婚不久，在县城开了一家百货店。

蔚梓辰妈妈想让他去县城读书，继父也同意让他去。

可蔚梓辰的姥姥不舍得他去，她怕那个男人对蔚梓辰不好，让他受委屈。

蔚梓辰自己也不愿去县城。他从小在姥姥家长大，村里有好多同学、朋友，去了县城没有认识的人，也无法每天都见到姥姥。他不想去那个离姥姥那么远的地方。

蔚梓辰妈妈和继父也没再坚持。他们都很忙，蔚梓辰如果真的去县城上学，他们每天都要接送他，确实也是负担。

蔚梓辰的这个继父人不错，对蔚梓辰和姥姥也都不错，缺点就是人有点木讷，不太爱说话，说话直来直去，有时让人不太容易接受。

蔚梓辰妈妈不是很喜欢这个男人。姥姥家里的人就都劝她，说这人实在、可靠。他们劝蔚梓辰妈妈不能跟从前那样，只看长相，只看会不会说话。他们说："会说话又能怎么样，之前那个那么会说，还不是把你的钱都糊弄过去，跑掉了吗？难道你还不接受教训吗？找个老实人一起过日子，不比啥都强？"

蔚梓辰妈妈本来就是一个没什么主意的人，觉得家人的话也有道理，就同意了。两个人了解了不长时间，就结婚了。

蔚梓辰觉得，妈妈是一个心地善良的人，看不得别人受苦，听不得别人说好话，但妈妈也有致命的弱点，那就是太幼稚，经不住别人忽悠，人家一忽悠，她就分不清对错了。

蔚梓辰妈妈和第三任丈夫的婚姻维持了将近六年。在她的几段婚姻里，这一段是持续时间最长的。

五

蔚梓辰读一年级的时候，学习成绩还在班里的中上游。到了二年级，他的学习成绩就跟不上了。越是跟不上，上课的时候，他就越是坐不住。

蔚梓辰喜欢语文课，也喜欢教语文课的老师。上语文课的时候，蔚梓辰还能听得进去，也能坐得住。

每当上数学课，蔚梓辰就觉得心里烦，觉得那节课格外长，总是忍不住要跟同学悄悄说点啥，或做点小动作。时间长了，数学老师也知道蔚梓辰上课坐不住，就格外注意他。每次蔚梓辰刚想做小动作，数学老师就已经先瞪起眼睛把他盯牢了，甚至手上的粉笔都已经朝他头上扔过来了。越是这样，蔚梓辰的数学成绩就越差，他也就越不愿意上数学课。

姥姥不识字，她放心不下的，是蔚梓辰的温饱问题。放了学，也没人管蔚梓辰写不写作业。

蔚梓辰妈妈不经常回来，偶尔回来一趟，看看他和姥姥，送点吃的喝的来，待个一天半天的，就又回去了。蔚梓辰学习方面的事，妈妈也很少过问。

对于成绩不好这事，蔚梓辰从不在意。他知道，反正不管咋样，也没有人怪他学习成绩差。妈妈回来的时候，倒是每次都嘱咐他要好好学习。妈妈还说，等她和继父的生意稳定下来，就接蔚梓辰去县城的学校读书。

蔚梓辰知道，即使他不愿离开姥姥去县城读书，等上了初中，他也是要离开姥姥的。那个被称作"县城"的地方，蔚梓辰心理上已不再那么抗拒，那里确实也有不少吸引他的东西。不过，一想到要跟继父生活在同一个屋檐下，蔚梓辰就觉得心里有些不痛快。

蔚梓辰想好了，等到上初中的时候，他就去住校。那个男人虽然不是什么坏人，但他那种直来直去的说话方式，蔚梓辰实在无法接受。

六

蔚梓辰清楚地记得，五年级上学期的一个周三上午，疼他爱他的姥姥突然走了，没有任何征兆。

早晨上学的时候，姥姥还送蔚梓辰到大门口，问他中午想吃馅饼还是包子。昨天晚上，邻居家的舅舅送来了一捆鲜韭菜。

第三节是数学课，老师讲的什么，蔚梓辰一句也没听进去。他觉得心里有什么东西在不停地撞来撞去，搅得他烦乱不堪。他一会儿想着姥姥做的包子也许已经出锅了，一会儿又想着找个什么借口从教室跑出去，跑到操场上的太阳底下使劲喘几口气。他觉得心里闷得难受，气都喘不出来了。以往上数学课的时候，他也不愿听，坐在那里也难受，但从来没有喘不过气来的感觉。他不知道自己怎么了，后来他想：难道自己生病了？

正当蔚梓辰坐立不安地胡思乱想时，邻居家的舅舅跑进教室，跟老师耳语了几句，老师看了蔚梓辰一眼，然后冲他招了招手。蔚梓辰还没反应过来，邻居家的舅舅已经跑到他的课桌前，扯起他的胳膊就朝教室外跑去。

蔚梓辰被舅舅扯着往家跑，一口气跑进了家门。

蔚梓辰先是看到了撒在地上还没来得及收拾的韭菜馅，然后看到了躺在床上的姥姥。蔚梓辰哭喊着扑了过去。早晨还问他想吃馅饼还是包子的姥姥，此时却再也无法回应他了。蔚梓辰拼命地哭喊，可姥姥却再也听不到他的声音了。

送走姥姥，蔚梓辰大病一场，低烧持续不退，浑身无力，打不起精神。

病好后，蔚梓辰妈妈把他的学籍转到了县城的一所小学。蔚梓辰没有反对，因为他知道，姥姥走了，除了去县城，他已别无选择。

七

姥姥突然离世，给蔚梓辰带来了很大的打击。一个人的时候，想到姥姥，他就忍不住掉眼泪。

在县城的小学，蔚梓辰没有朋友。因为学习不好，老师也不喜欢他。

蔚梓辰妈妈和继父经常为了一些小事吵架。继父爱喝酒，喝多了酒再跟妈妈吵架的时候，言语间有时就捎带上蔚梓辰。蔚梓辰很生气，就跟他吵。每次蔚梓辰妈妈都是用力把他拉进屋里，关上门，不让他出来。

有一次，蔚梓辰的继父又喝多了酒，跟他妈妈吵架。他骂蔚梓辰妈妈不要脸，说那些男人都不要她了，一个被人扔了多次的女人还挑三拣四的，还瞧不起他。

这次，蔚梓辰妈妈被他骂急了，执意不再跟他过了。继父没想到蔚梓辰妈妈真会跟他离婚，他以为蔚梓辰妈妈都离过两次婚了，不可能再选择离婚了。县城那么小，不管因为什么，离过两次婚的女人，除了蔚梓辰妈妈，再也没听说过别人。离三次婚，别的不说，单是唾沫星子，也会把她淹死的。

然而蔚梓辰妈妈却拿定了主意。蔚梓辰的继父给她赔礼道歉，甚至都跪下了，可蔚梓辰妈妈执意不再回头。

直到那时，蔚梓辰才知道，妈妈不只是单纯、幼稚，还特别拗。

两个人离婚前的那段日子，家里打闹不断。蔚梓辰找不到可以躲藏的地方。白天还好，他能去学校或在县城某个地方闲逛，可到了晚上，他就没地方可去了。

蔚梓辰实在烦透了他们无休止的吵闹。那天周末，他们又吵了起来。蔚梓辰饭也没吃就出门了。他在街上漫无目的地走了好久，碰到一个同学正要去网吧玩，他就跟着那个同学，一起去了网吧。

从那以后，蔚梓辰找到了一个可以避难的好去处，网吧成了他的第二个家。那里没有烦恼，没有吵闹，时间过得也很快。

八

蔚梓辰妈妈和继父的关系时好时坏。他们没时间管蔚梓辰，蔚梓辰也懒得管他们的事。

小学阶段终于结束了。上初中时，蔚梓辰选择了住校。

学校两周放一次假，即使放假了，蔚梓辰也很少在家。到县城这几年，特别是开始在网吧里混日子之后，蔚梓辰认识了一些朋友。他们一起上网、打游戏，三五成群地骑着自行车，喊叫着飞速行驶，有时打架，偶尔也被打。周围的同学几乎没人敢惹他们。

初一下学期，蔚梓辰妈妈和继父马拉松式的离婚终于结束了。重回单身的妈妈怕蔚梓辰一个人在外边学坏，就想让他回家住。蔚梓辰想也没想，就拒绝了妈妈。他已经习惯了这种天马行空式的生活，怎么可能再回到家里，受妈妈的管教呢。

蔚梓辰不回家，妈妈很伤心，但也没有办法让蔚梓辰改变主意。

晚上睡不着的时候，蔚梓辰有时也想一些白天没时间想的问题。他觉得，妈妈也挺可怜的。妈妈并非人们口中所说的那种坏女人，她只是活得不太明白。她所经历的每一个男人，都对她的心灵造成了伤害。有时，蔚梓辰也想回家陪妈妈说说话，知道妈妈内心很寂寞。可是，他又总是有这样那样的事，难得有空坐下来。就算真的跟妈妈坐在一起，他也想不出应该跟妈妈从何谈起。仔细想一想，好像从小到大，他跟妈妈就没有好好聊过一次天。

受过伤害的妈妈发誓再也不嫁人了。对想给她介绍男朋友的人，不管是谁，蔚梓辰妈妈连话都不让人家说完："说别的，你在我这里喝水、吃饭，咱是好朋友；说给我介绍对象，你立马走人。"

亲朋好友见蔚梓辰妈妈态度如此坚决，渐渐地，也就没人再帮她介绍男朋友了。

九

整个初中三年，蔚梓辰说想不起哪怕一节印象深刻的课。

初三那年，老师也不再管他。高兴的时候，他就到学校走一趟；不高兴的时候，老师接连几天都见不到他的影子。老师也知道，请家长到学校来之类的办法，并不适合蔚梓辰。他们知道他的家长不同于别的学生家长。

蔚梓辰爸爸离了三次婚之后，带着一个比蔚梓辰小不了几岁的患脑瘫的孩子，生活得很落魄。曾经的成功企业家的形象，早已跑到了八千里之外。

发誓不会再婚的蔚梓辰妈妈又结婚了。那个男人，是搞直销的。蔚梓辰妈妈把仅剩的那点积蓄全投进去，却一直不见回报。后来，蔚梓辰妈妈越陷越深，她越是急于翻本，就越是往更深里陷。

蔚梓辰初中即将毕业的时候，妈妈结束了她的第四段婚姻。

蔚梓辰早就不想继续上学了，可妈妈几次哭着求他，要他把书读下去。蔚梓辰知道，妈妈也很可怜，他别的做不了，就只能满足她这点要求。当时他想：反正学习不好不赖他，起码他没有长时间离开学校。蔚梓辰妈妈对他说："如果你连初中毕业证都拿不到，那跟文盲有啥区别？将来出去打工都没人要。"

蔚梓辰觉得妈妈这话说得有些道理，就硬着头皮坚持到了初中毕业。

对即将结束的学生生涯，蔚梓辰没有一丁点儿的留恋，相反，他心里倒有一种终于解脱了的感觉。让蔚梓辰没想到的是，妈妈执意让他继续上学，完全不顾及他的想法和学习成绩。蔚梓辰不同意，妈妈就不停地哭，边哭边求他。妈妈说，只要他继续上学，他想怎么样，她都答应。

看妈妈当时的架势，如果他不同意，妈妈死的心都会有。不管怎样，那毕竟是他的妈妈。在妈妈不停的哭求下，蔚梓辰只得妥协。他硬着头皮，选择上了那所技校。

十

虽然是被逼的，但刚到技校的时候，蔚梓辰还是感觉到了与以往在学校时的不同。技校注重的是实践，而非枯燥的理论，而且学校的专业课里有蔚梓辰喜欢的汽车维修。

来到学校的第一学期，蔚梓辰生活得还算顺利。

慢慢地，随着新鲜感的消失，蔚梓辰的心又开始躁动不安起来。

蔚梓辰外出的时间越来越多，与校外的人接触得多了，也交了不少朋友。他们一起玩，一起吃饭。蔚梓辰常常几天都不回学校。

为了支付各种费用，蔚梓辰决定找个地方打工赚钱。朋友介绍他去了一家洗浴中心。

洗浴中心的老板三十来岁，看样子是一个豪爽的人。他爱喝酒，喜欢去 KTV 唱歌，对在他手下干活的人，也没什么架子。每次喝多了酒从外面回来，他还会跟蔚梓辰他们称兄道弟，很亲热的样子。

老板有一个习惯，每次回到店里，拎在手上的车钥匙都会随手丢到吧台上。那时，他开的是一辆八成新的宝马。

时间久了，蔚梓辰掌握了老板生活上的一些规律，再遇到老板把车钥匙丢在吧台而自己又不上班的时候，他就缠着前台的小丽要车钥匙。

蔚梓辰和小丽正在谈恋爱，她也不好过分为难他。

第一次跟小丽要车钥匙的时候，颇费了些周折。小丽经不住蔚梓辰软磨硬泡，最终把钥匙给了他。

从那以后，蔚梓辰再要钥匙的时候，不用说话，只打个手势，小丽就微笑着把钥匙递给他。

蔚梓辰第一次开着那辆宝马出去兜风的时候，心里还有一丝丝担心和害怕，但那一丝丝担心和害怕，最终被越来越快的车速甩到了身后。那次，怕被老板发现，蔚梓辰到海滨大道上开了不到半小时，就回到了店里。

有了第一次，再偷偷开老板的车出去的时候，蔚梓辰心里就放松了不少。他觉得，飙车的感觉，真是爽极了。

那天，老板开回了他的新车，一辆顶配的昂科雷。

那辆车很漂亮，不管是造型、颜色还是车漆，看一眼，蔚梓辰就觉得心里痒得难受。蔚梓辰做梦都想试试那辆新车。

十一

机会终于来了。老板又喝多回到店里的时候，依然把车钥匙扔到了吧台上。那天，正巧又是小丽值班。

蔚梓辰从小丽手里接过车钥匙的时候，他的手忍不住地抖。

小丽找室友替了个班，也要跟蔚梓辰一起去。

蔚梓辰开着新车，带着小丽跑到了滨海大道上。

这辆车提速太快了，脚尖轻点油门，车子立马就蹿了出去。蔚梓辰时急时缓地踩着油门，感觉自己像是在半空中飞一样。他一边踩油门，一边忍不住大声尖叫起来。随着车子的飞驶，小丽也不停地尖叫着。

等蔚梓辰发现对面那辆亮着大灯的大货车时，踩刹车已经来不及了。他本能地猛打了一下方向盘，车子冲下马路，撞倒一棵树，滚下了海滩。

等蔚梓辰和小丽费劲地打开严重变形的车门，从车里爬出来，借着路灯的光，蔚梓辰看到了三三两两地散落在海滩上的后视镜、雨刷、保险杠等物件，脑子里瞬间一片空白。

不知过了多久，蔚梓辰蹲在地上，大哭起来。

十二

看着严重变形的车子，老板简直气疯了。他大声骂着，要蔚梓辰赔他的车。

蔚梓辰早就知道，这辆车是老板花 60 多万元买的。他不知道能到哪里去弄那么多钱。

蔚梓辰妈妈也来了，她跟老板求情，答应把车修好。经核算，把车修好需要花费 20 多万元。虽然蔚梓辰家拿不出那么多钱来，但蔚梓辰妈妈跟老板承诺，不管怎么样，一定把车修到他满意为止。

然而，老板不同意修车，就要新车。他说，即使修得再好，他也不要这辆车了。

双方一直僵持不下。

任蔚梓辰妈妈好话说尽，老板死活也不同意再要这辆车。最后，双方吵了起来。在老板拍着桌子对蔚梓辰母子大骂的时候，蔚梓辰妈妈忍不住跟他对骂起来。

最后，老板把蔚梓辰告上了法庭。

检察机关以盗窃罪，将蔚梓辰起诉。

庭后絮语：

蔚梓辰的人生可谓弯道频现，对这个孩子来说，他面前的路，没有哪条是平直顺畅的。幼年的蔚梓辰，因父亲的不负责任，失去了父爱。几乎是在同时，母亲也离开了他，远赴他乡。

幼小的蔚梓辰，因为思念母亲，心灵承受了无尽的痛苦与折磨。"妈妈不在家的那些日子，我整天哭着找妈妈，想起来就哭，边哭边到处去找。各个房间里、院子里、院子外边的柴草垛里，连邻居家都不放过，我一遍又一遍地找，边找边哭。"此情此景，让人忍不住心疼。有谁知道，在哭喊着到处寻找妈妈的时候，这个孩子的心里到底有多痛。他对妈妈的思念，对失去妈妈的恐惧，作为成年人的我们，可能真的不懂。也因为此，现实中才会有那么多父母不顾孩子撕心裂肺的哭喊、哀求，丢下孩子不管。

正是需要父母关爱的年纪，本应该在母亲的怀抱里撒娇，在父亲的呵护下快乐地成长。那幼小的心灵，应该是幸福的、快乐的。然而此时的蔚梓辰，心里除了恐惧、痛苦，还有什么？不知道蔚梓辰的父母是否想过这些事。

好在蔚梓辰还有疼他爱他的姥姥，姥姥虽然不识字，也不懂得让蔚梓辰学习，但姥姥是真心爱他的。这让蔚梓辰那像沙漠一样的心灵深处，有了一方绿洲。然而好景不长，随着姥姥的突然离世，蔚梓辰的生活轨迹再一次改变了。

本案中，蔚梓辰爸爸是一个没有底线和责任感的男人。他虽然曾经把事业做得很大，也曾当选过当地的人大代表，但是像他这样对婚姻和家庭如此不负责任的人，注定无法在所谓成功的道路上走得更远。在他身上，即使不发生这样的事，也可能会发生那样的事。

蔚梓辰爸爸婚内出轨，导致夫妻离异，使得年幼的蔚梓辰在失去父爱的同时，也失去了母爱。

最后，蔚梓辰爸爸的下场也很可悲，当初他婚内出轨的时候，万万不会想到，自己会有这样的后果吧。他的不负责任，是导致蔚梓辰走向另一条路的不可忽视的原因。

蔚梓辰妈妈虽然不是坏人，但她凡事考虑不周到，拿蔚梓辰的话来说，"妈妈也有致命的弱点，那就是太幼稚，经不住别人忽悠。人家一忽悠，她就分不清对错了"。这也导致她一再被骗，一再离婚又结婚。作为一位母亲，动荡不安的生活既影响了她个人的心理与判断，也影响了儿子正常成长的轨迹。

蔚梓辰作为本案的主人公，幼年的遭遇确实值得同情。在经历各种变故后，蔚梓辰的人生被迫驶上了一个又一个弯道。他看不清目标，看不清方向，辨不清自己未来的路到底在哪里。不过，蔚梓辰也有自身的问题，他行事莽撞，不考虑后果。当然，这与他幼年时的经历有关，也与他不喜欢学习，认知能力差有很大关系。

无证驾驶机动车，本来就是法律所不允许的。不经当事人同意，私自动用别人的车辆，造成严重的后果，同样是违法的。

《中华人民共和国刑法》第二百六十四条规定：盗窃公私财物，数额较大的，或者多次盗窃、入户盗窃、携带凶器盗窃、扒窃的，处三年以下有期徒刑、拘役或者管制，并处或者单处罚金；数额巨大或者有其他严重情节的，处三年以上十年以下有期徒刑，并处罚金；数额特别巨大或者有其他特别严重情节的，处十年以上有期徒刑或者无期徒刑，并处罚金或者没收财产。

另外，根据《最高人民法院关于审理盗窃案件具体应用法律若干问题的解释》：

（一）个人盗窃公司财物价值人民币 1000 元至 3000 元以上的，为"数额较大"；

（二）个人盗窃公私财物价值人民币 30000 元至 100000 元以上的，为"数额巨大"；

（三）个人盗窃公私财物价值人民币 300000 万元至 500000 万元以上的，为"数额特别巨大"。

法院审理后认为，被告蔚梓辰未经车主同意，私自驾驶他人车辆外出，造成了严重的交通事故，其行为符合盗窃罪的要件。该车辆价值人民币 60 余万元，属"数额特别巨大"。归案后，蔚梓辰认罪悔罪态度较好，又系未成年人，有减轻情节。但因赔偿问题，双方无法达成一致，被告方没有取得原告方的谅解，故在量刑上，无法减轻。最后，法院以盗窃罪判处蔚梓辰有期徒刑八年半，并处罚金。

因原、被告双方无法就赔偿问题达成一致，洗浴中心老板重新对蔚梓辰提起了民事赔偿诉讼。

扎晓武档案：

扎晓武，男，身高 1.69 米，体形健壮。方脸，小眼睛，目光冷硬。案发时，扎晓武 16 岁零 3 个月，某学校初中二年级在读。

一起长大的那个邻居

关键词：

同学　邻居　强奸

案件回放：

扎晓武与邰静绢是邻居，两个人从小就在同一条胡同里长大，后来又一起上小学，一起离开家，进入县城的一所初中读书。在一次去往学校的途中，从镇上开往县城的大巴车还未开车时，应扎晓武之邀，邰静绢帮他去寻找前一天落在某酒店的书包。进入酒店房间后，酒后的扎晓武临时起意，强奸邰静绢未遂。邰静绢的班主任了解真相后，报了警。

一

开庭前，我已把该案的卷宗看了两遍。这是一起强奸未遂案，原告邰静绢和被告扎晓武系同学加邻居关系，两人同为县城某中学初中二年级学生。案发时，扎晓武16岁零3个月，邰静绢15岁零4个月，均系未成年人。

扎晓武和邰静绢是邻居，他们两家住在同一条胡同里，邰静绢家房子的后墙，就是扎晓武家房子的南墙。

邰静绢比扎晓武小一岁，因为住得近，他们从小就在一起玩。扎晓武比邰静绢早一年上学，在同一个学校，上学放学经常会遇到。邰静绢不喜欢跟扎晓武在一起玩，她觉得扎晓武太"皮"了，爱欺负女同学，但扎晓武很少欺负邰静绢。即使这样，邰静绢也不喜欢跟他一起玩。

扎晓武是家里的独子，爸爸弟兄三个，就生了他一个男孩，爷爷奶奶把他当宝贝，一会儿见不到孙子的影子，就跑到街上找，一边找一边唤，生怕他有啥闪失。

扎晓武从小皮实，在家里坐不住。爷爷奶奶没看到的工夫，他就风一样跑没影了。上墙、爬树、下河，爷爷奶奶越不让干的事，他越爱去干。爷爷奶奶每每既生气又担心，但等他在外边疯够了回到家，或爷爷奶奶找到他把他劝回家，他们就又不舍得骂他了。

从墙头上摔下来，胳膊上的血往下滴，扎晓武也不哭，从墙根抓把土摁在流血的伤口上，照样疯玩。他下河游泳，差点被河水冲走，如果不是被别人及时救起，恐怕早就不知被冲到哪去了。趴在牛背上控净了肚子里的水，扎晓武因为爷爷、奶奶、妈妈的眼泪和爸爸的恐吓，在家里待了一星期，就又偷偷地下了河。

小学二年级那年春天，扎晓武爬树掏鸟窝，脚下的一根细树枝被踩断，他从高高的树上摔下来，左手臂骨折了。因为这事，扎晓武留了一级，跟邰静绢成了同班同学。

扎晓武爸爸常年在外搞建筑，在当地是一个小有名气的包工头。他平时在家的时间很少，家里的事自然顾不上。扎晓武的事，他更是顾不上。有时回来，听扎晓武妈妈说儿子在家里又做了哪些捣蛋的事，他也生气，也着急，逮着扎晓武，就是一顿臭骂。骂得轻了，扎晓武这耳朵听，那耳朵随之就冒出去了；骂得重了，扎晓武的爷爷奶奶就不愿意了，转而会骂儿子，说扎晓武还小，树大自然直，小孩子哪有不调皮捣蛋的。后来，扎晓武爸爸也就不敢再骂儿子了。

扎晓武妈妈是有名的"好脾气"，扎晓武调皮捣蛋，她自然是由着他的性子，顶多会跟扎晓武爸爸唠叨两句。

扎晓武爸爸平时很忙，工程上也有不少烦心事。对儿子的事，他有时也相信"树大自然直"，所以就懒得管教了。

扎晓武小学毕业，爸爸托关系，让他进了县城一所寄宿中学。那是一所以管理严格著称的中学，每个月放两天假，其他的时间不允许学生出校门。

把儿子送进寄宿学校后，扎晓武爸爸终于松了一口气。他说："我没多少文化，不懂得咋管教，也没有时间管他。平时说他，他也不听。听说这所学校管得严，花再多的钱，我也要让他上这所学校，让学校老师替我来管教他。"

二

　　郗静绢从小就是听话的乖孩子，学习成绩一直在年级前五名。郗静绢爸爸长年在外地打工，只在秋收秋种和过年的时候才会回家待几天。

　　郗静绢的爷爷奶奶年纪大了，身体也不好。郗静绢妈妈既要照顾两位老人，又要种一家五口人的地。在郗静绢的印象中，妈妈就没有闲下来的时候，从地里回来，洗把手，就忙着做饭，忙着收拾家务，总是有忙不完的事。看到妈妈忙得连汗都来不及擦，郗静绢心疼妈妈，就抢着帮妈妈干些家务活。但大多数时候，妈妈不让她干，怕耽误她的学习。

　　郗静绢妈妈平时话不多，她的精力都用在做事上，而不是说话上。对唯一的女儿，她也很少说什么。郗静绢平时话不多，在外边不惹事，该学习的时候也不用催。在家里，她很少跟妈妈顶嘴，有时不高兴了，自己找个僻静的地方待一会儿，也就过去了。

　　郗静绢跟爸爸在一起的时间很少，他们之间的对话就更少了。

　　奶奶身体好的时候，郗静绢没事就喜欢在奶奶身边待着，听奶奶讲从前的那些事。她一遍遍地听，从来也听不厌。可奶奶在郗静绢读小学五年级那年春天，突然得了一场病，从那以后，就既不能动也不能说话了。奶奶无法再给她讲从前的那些事了。

　　有空的时候，郗静绢还是喜欢到奶奶的床前去坐坐。有时，她用手替奶奶理理头发，或给奶奶掖掖被子；有时，她什么也不说、不做，就是在那里坐一会儿，或挨着奶奶躺一会儿。奶奶不能说话了，耳朵也背得厉害。邰静绢心里对奶奶诉说的那个按钮，不知何时也关闭了。不过，这一点也不影响她对奶奶的爱。

三

邰静绢是在班主任的鼓动下才报了那所寄宿学校的。其实她不愿离开家，特别是不愿离开奶奶。再说，那所学校与镇上的中学相比，收费高了很多。邰静绢知道自己家里没钱，也知道爸爸妈妈整天操劳不容易，尽管这所学校是所有学生和家长都非常向往的。

　　郜静绢没有认真复习，她觉得在镇上的中学上学，只要努力学习，同样能考上好的高中。

　　可是，郜静绢偏偏考上了，而且考了全县第 29 名的好成绩。

　　郜静绢和扎晓武又成了同一所学校的同学。

　　扎晓武和郜静绢虽然在同一所学校上学，但他们俩进入这所学校的途径却不一样。郜静绢是自己考进来的。扎晓武则是靠爸爸给学校交了一大笔钱才进来的。

　　扎晓武的学习成绩一直不好。到了五六年级，扎晓武已经不那么"皮"了，也没时间"皮"了，因为他有了一个新的爱好——打游戏。放了学他也不回家，背着书包直奔游戏厅。他身边有一帮朋友，他不缺钱，也很仗义，那帮朋友跟着他进游戏厅，他一并掏钱。只要他招呼一声，那帮朋友就随时跟着他到处跑。

　　进了这所寄宿中学后，扎晓武安静了两星期，就再也待不下去了。他想念外边那些召之即来挥之即去的朋友，也想念游戏里的人物与故事。他曾不止一次给爷爷奶奶爸爸妈妈打电话，哭着喊着要离开这所封闭式学校。

　　扎晓武爸爸是铁了心地不同意他离开这所学校，好不容易把他圈牢在这个地方，哪能就这么任他离开，由着性子到处乱跑呢。

　　爷爷奶奶和妈妈听到扎晓武在电话里哭，他们在家里也陪着哭。爷爷奶奶打电话把爸爸喊回家，逼着他让孙子回来："哪里的学校不一样上学啊，晓武说了，你不让他回镇中学来上学，他就干脆不上了。孩子那么小，万一把他逼出个好歹来，往后咱家日子可咋过呀？"

无论家里人怎么哭闹，扎晓武爸爸就是不同意扎晓武回镇中学来读书，更不允许他退学。当初他把儿子送到那所学校，也是费了很多周折，花了不少钱的。那样的学校，不是谁想去就能去的。

　　"在那里，有老师看着，我放心；回来了，你们能看住他？"

　　扎晓武爸爸问得一家人没了话。确实，以往家里人要三天两头地跑游戏厅找扎晓武，不管冷热，也不管黑夜还是白天。附近的游戏厅，一家人都跑过无数遍了。每次找到扎晓武，好话说了千万遍，好哄歹劝，又是拉又是拽的，才能把他弄回家。

　　一家人看扎晓武爸爸这样坚决，又想到扎晓武在家时的种种表现，知道扎晓武真的回来了，他们还是管不了的。虽然他的哭声让他们坐卧不安，心里像针扎一样难受，但他们没有更好的办法，也只能暂时作罢。他们期待扎晓武能慢慢适应新学校的环境，不再吵闹着要回来。

四

　　扎晓武对新环境适应得挺快。从第一学期下半段开始，他就不再跟家里吵着闹着要转学退学了。这让他的爷爷奶奶爸爸妈妈都松了一口气，悬着的心也都落了下来。他们一致觉得，扎晓武在这所以管理严格著称的新学校里，在学校老师的管教下，能改掉以往爱玩游戏的毛病，爱上学习。

　　扎晓武的爸爸妈妈觉得那一大笔钱花得值，爷爷奶奶也暗自庆幸，多亏当初没有执意让孙子回家来。

在新学校里，扎晓武认识了一帮新朋友，有本校的，也有校外的。有了新朋友以后，就是有人逼他回镇上的中学读书，他也肯定是不会回去的。镇上那几个游戏厅的电脑和桌椅都又脏又烂，跟县城里的一比，简直是天壤之别。跟朋友进了一次县城的游戏厅之后，扎晓武就爱上了县城。

学校管理虽然以严格著称，但一千多名学生，学校哪会每个学生都管到。

在生源的选择方面，学校把关也是很严格的，不是每所小学年级前几名的学生，根本考不进这所中学。不过，也有极少数像扎晓武这样通过拿钱进来的学生，他们的学习成绩不是特别好，进了这所学校，与以往各个学校的尖子生成了同学，成绩差距就更大了。

有的学生知道自己底子薄，就拼命地往前追赶。有的学生知道自己与其他同学的差距，觉得反正追也追不上，于是就放弃了学习。他们觉得高中反正是考不上的，家里人如果执意让读高中，那就让家长想办法，就像现在家长能把他们弄到这所中学一样。扎晓武和他的那帮朋友，就是持后一种想法的学生。他们因为有同样的经历和差不多的背景，所以很容易就成了朋友。

开始的时候，他们的活动还处于地下状态。学校纪律严格，他们刚到学校不久，做事尽量小心翼翼的。他们选择在学校放假的时候去游戏厅，有时实在忍不住了，就躲在宿舍的床上，偷偷地用手机玩游戏。

渐渐地，他们已不再满足于偷偷摸摸地玩。实在想玩的时候，他们就趁保安不注意，晚上宿管查完宿舍后，从学校后院的墙头翻出去，玩个通宵，早晨上课前再从外边翻回学校。

常在河边走，哪能不湿鞋？第一次被老师逮到的时候，扎晓武也有点害怕。老师让他罚站、叫家长的时候，他也觉得有点难为情，也曾下决心以后不再翻墙头出去玩游戏了。可是没过几天，当那帮朋友又在微信上约他的时候，他还是忍不住去了。再一次被老师逮到的时候，扎晓武已经不再那么害怕和难为情了。

后来，扎晓武知道老师和学校对他们也没什么新办法，无非就是停课、叫家长，再就是写检查。这些对他们来说，实在不算什么事了。

学校的老师也是从刚开始的狠抓，到后来的睁一只眼闭一只眼，再到后来的只要他们不找事，不影响别的同学，不论他们做什么，都懒得再管他们了。

扎晓武和那帮朋友渐渐地不再满足于只是去游戏厅了。有时，在游戏厅玩累了，他们也去歌厅唱歌，或找个地方喝一杯。

扎晓武在学校的表现，他爸爸也知道一些。

开始的时候，每次学校叫家长，扎晓武爸爸都像一个做错事的学生一样，给老师说尽了好话，对低头不语的扎晓武，也是又骂又训。

后来，随着被叫次数的增多，扎晓武爸爸也觉得无奈，他曾经的希望渐渐破灭了。工地上忙的时候，他应付着老师打来的电话，甚至都不再去学校了。

五

邰静绢不喜欢扎晓武。扎晓武小时候不管不顾的"皮"和长大了呼朋唤友的那种做派，邰静绢都不喜欢。她还不喜欢扎晓武不爱学习，特别是扎晓武抽空就往游戏厅跑，她觉得不可思议。

虽然不喜欢这个人，但毕竟是从小一起长大的邻居，邰静绢性格又温和，在学校里，在回家或返校的路上碰到时，他们还是很自然地打招呼。邰静绢没有因为不喜欢扎晓武而刻意表现得疏远，也没有因为是邻居和同学而表现得亲近。

邰静绢一直是一个温和的女生。这样的性格，也为后来发生的事情埋下了隐患。

那个周末学校放假，邰静绢回到家，先去看奶奶。在奶奶床边待了一会儿，妈妈还没回家，她就先把饭做了，然后一边等下地干活的妈妈回家，一边写作业。

对邰静绢来说，这个周末与以往的周末没有任何区别：帮妈妈做饭，陪奶奶，洗衣服，写作业，洗头洗澡，吃妈妈给她留的好吃的。家里有什么好吃的，妈妈总是给她留着，等她放假回来吃。

星期天中午吃过午饭，邰静绢要回学校了。她家离镇上的车站有四里多路，以往她回学校的时候，都是妈妈骑电动车送她去车站。这天正好姑姑来看奶奶，邰静绢就由姑姑用摩托送到了镇上的车站。

邰静绢和姑姑到达车站的时候，公交车还没来。邰静绢知道姑姑家里忙，就催姑姑走，她一个人等车。以往妈妈来送她的时候，她也是让妈妈先走，自己在路边等车。

姑姑知道邰静绢一直是一个很乖的孩子，肯定不会一个人到处乱走，误了公交车。姑姑也知道，邰静绢以往也经常一个人等车，大白天的，人来人往，抬头低头都是熟人，不会有危险。也许是怕邰静绢一个人在路边等车闷，也许是想跟侄女说会儿话，邰静绢的姑姑并没有马上走。

直到公交车开过来，姑姑看到几个熟人陆续上了公交车，邰静绢也上了公交车，才掉转车头往回走。

邰静绢找了一个靠窗户的位子坐下，见车上的人不太多，知道还要等一段时间才会发车。镇上的公交车没有准确的发车时间，司机把车停在路边，等差不多凑够了一车人才开车。

邰静绢隔着玻璃朝街上看了一小会儿，然后从书包里拿出随身带的英语书，低头默默地背起单词来。

一旦进入学习模式，身边的一切立马都离邰静绢远去了。扎晓武何时上了这辆公交车，又是何时来到她身边的，邰静绢一点也不知道。直到扎晓武跟她说话的时候，邰静绢才抬起头，看到了面前的扎晓武。

六

邰静绢跟扎晓武打了一声招呼，然后又把眼睛移到了英语书上。以往学校放假的时候，他们多次在公交车上相遇，也都是这样打个招呼，然后就各忙各的。邰静绢一般是看书或者静静地看着窗外。扎晓武一般是睡觉或者用手机玩游戏。

可是这次，打完招呼后，扎晓武却站在邰静绢跟前，没有离开："昨天晚上我跟朋友在富强酒店吃饭，书包落在那里了。"

"哦，那快去拿吧，趁着车还没开。"邰静绢抬起头，对扎晓武说。

"我……我一个人不愿去。你跟我一起去找找行吗？"扎晓武说。

邰静绢本来想说："一个书包，又不是一个人拿不动的大东西，还用得着两个人去？"可她没把这话说出来，她觉得跟扎晓武既是邻居又是同学，不好意思把这话说出口。

"走吧，走吧，帮个忙嘛。一会儿就回来了。"扎晓武站在邰静绢旁边，央求道。

邰静绢闻到了扎晓武身上的酒味，更不愿意跟他去了。她觉得一个中学生喝酒，本身就是一件丢脸的事。跟这样的人一起走在路上，别人会怎么看自己？

"我今天的单词还没背完呢，你……你自己去吧。"邰静绢说完这话，脸不由得红起来。在学校的时候，每每遇到同学要她帮忙，不管愿意还是不愿意，她都会去帮。可是这回，她实在不愿跟满脸通红、满身酒气的扎晓武一起去找书包。

"那么近的路，耽误你十分钟不行吗？我保证，十分钟准能回来。"扎晓武站在邰静绢身边的过道上，妨碍了往车后走的乘客。

邰静绢看着从扎晓武身后用力挤过去的一个个乘客，有些坐不住了，好像挡在过道上的不是扎晓武，而是她自己一样。

"昨天晚上我跟老板娘吵了几句，我一个人去，她肯定不让我找。走吧，帮我去找找嘛。走吧，走吧，咱们快去快回。"扎晓武又说。

郜静绢实在不知道应该怎样拒绝，虽然心里十二分不愿意，但还是从座位上站了起来。

富强大酒店就在街对面，快走几步，三五分钟也就到了。郜静绢这样想着，把书包留在自己的座位上，然后同扎晓武一起下了车，朝不远处的富强大酒店走去。

七

公交车上的座位坐满了，司机发动汽车，朝县城的方向驶去。没有人知道，那个空座位上的书包到底是谁的，它的主人去了哪里。

当警察来到富强酒店调查时，酒店前台的老板娘才突然记起，午饭后，一个男孩和一个女孩确实来找过书包。当时她正忙着，他们是否找到了书包，她就不知道了。那个男孩经常到她这里来吃饭，偶尔也来住宿。前一天晚上，男孩就住在二楼的一个房间里。

警察把事情的大致经过跟老板娘说了，要求她配合调查。老板娘没等听完，就一屁股坐在了地上，她不相信竟然会发生这种事。

根据老板娘的回忆和警察对被告扎晓武的审问，事情的真相浮出了水面。

扎晓武和郜静绢来到这家酒店，扎晓武对前台的老板娘说："我的书包落在房间了，我去找一下。"

正忙着结账的老板娘对扎晓武说："房间门开着呢，你自己去找吧。"

扎晓武和邰静绢就去了二楼。

扎晓武推开二楼尽头的一间房门，待邰静绢进去后，他猛地把门关上了。

邰静绢愣了一下，转身就想开门。还没等她的手靠近门把手，扎晓武已在她身后死命地抱住她，一下把她摔到了床上。

"扎晓武，你……"没等说完，邰静绢的嘴就被扎晓武紧紧捂住了。

邰静绢流着泪，拼命挣扎，可她哪是扎晓武的对手。她跪在扎晓武面前，求他放过自己。可是从小一起长大的邻居，她的同学，竟然变成了一头恶狼，她的跪求没有让他的手停下。相反，他抬起巴掌，一下抢在了邰静绢满是泪水的脸上。

邰静绢的衣服被扎晓武扯下来，扔在了地上。朝邰静绢扑过去的那一刻，他变成了一个疯狂的魔鬼。

老板娘看到一个女孩双手捂着脸，哭着朝店外面跑去。

紧接着，那个男孩也匆匆走出来。

老板娘记起男孩是来找书包的，就问找到没有。

男孩一边往外走，一边说没找到，然后就出了门。

八

邰静绢跌跌撞撞地跑到公路上，哪还有公交车的影子？她蹲在路边，掩面痛哭。

　　此时，正好有一辆顺风车停在路边，脑海里一片空白的邰静绢，被扎晓武拉着上了那辆面包车。

　　后来，警察找到面包车司机调查情况。据司机回忆，后座上的女孩一路上一句话也没说，只是不停地哭。同样坐在后座上的男孩曾试图劝女孩不要哭了，但女孩始终一个字都没说。

　　面包车到了县城，也没能追上公交车。扎晓武和邰静绢在学校北边的小广场前下了车。

　　刚下车，扎晓武的一个朋友走过来，拉起扎晓武就要去附近的一家网吧。

　　扎晓武对邰静绢说："你先回学校吧，一会儿我去车站给你把书包拿回来。"

　　邰静绢呆呆地站在路边，没有说话。

　　扎晓武和他的朋友匆匆走了。

　　站在小广场边上，邰静绢脸上的泪水擦也擦不净。这几个小时里所经历的一切，使她心中充满了说不出的痛和恐惧。

　　路上人来车往，邰静绢怕被同学看到，就躲到广场边的一棵小树下，蹲在地上继续哭。她不想回学校，也不想回家，不知道接下来自己应该怎么办。她只是不停地哭，就像流淌的泪水能让她心中的痛与恐惧得到一丝缓解。

　　躲在小树下的邰静绢还是被路过的班主任看到了。班主任姓王，是一位漂亮的女老师。王老师大学毕业后来到这所学校，才只有不到两年的时间。她教学很用心，学生们都很喜欢她。王老师对学生很好，尤其喜欢邰静绢。

看到躲在小树下的邰静绢时，王老师一时没有认出来。

王老师问邰静绢怎么了，到底发生了什么事。她一只手搂着邰静绢的肩头，另一只手掏出纸巾，给邰静绢擦着脸上不断流下的泪水。

邰静绢一下扑在王老师怀里，痛哭着把事情的经过断断续续地告诉了王老师。

王老师当即拨打了报警电话。

九

面对警察，扎晓武供述了自己的犯罪经过。

他说一开始让邰静绢帮自己去找书包的时候，并没有啥歪想法。因为他怕一个人去老板娘不让进去找，万一再跟老板娘发生冲突，会误了公交车。他说即使两个人一起走在路上的时候，他也没想对邰静绢怎么样。

那个念头，是突然冒上来的。就在他和邰静绢进入房间的那一刻，他的脑海中突然出现了他曾看过的录像中的画面，眼前的邰静绢突然变成了画面中的女孩，他猛地关上了门。

不过，他一直强调自己没有强奸邰静绢。他说那天中午喝多了酒，再加上紧张，强奸没有实施成功。

警察告诉扎晓武，他不是没有强奸，而是强奸未遂。按照法律规定，未遂犯可以比照既遂犯从轻或减轻处罚，但犯罪性质没有改变。

检察机关以强奸罪，对扎晓武进行起诉。

庭审的时候，原告方没有人员出庭。

当戴着手铐的扎晓武被警察从警车上押下来的时候，扎晓武爸爸哭了，这个个头不高的男人，哭得很难过。此时，他心中的滋味，恐怕连他自己也无法说清吧。

庭后絮语：

本案中，扎晓武的爷爷奶奶毫无原则地宠孙子，信奉"树大自然直"的道理，不允许儿子管教孙子。时间长了，扎晓武爸爸在爷爷奶奶的"权威"下，也就不太敢对儿子扎晓武进行管教了。

扎晓武爸爸一直忙，很少回家，平时与儿子缺少交流，遇到什么事，只想用简单打骂的方式解决，而非讲道理。这样的家长不在少数，孩子不犯错的时候，什么都行，什么都可以；孩子一旦犯了错，家长就暴跳如雷，不分青红皂白地大骂孩子。被骂的孩子心里肯定不服，因为他这样做的时候，并不知道是错误的。如果家长对犯错的孩子晓之以理，和风细雨地让他明白自己到底哪里不对，应该如何去做，孩子听得心服口服，那下次再遇到这样的事时，就知道应该如何去做了。如果孩子犯错后，家长只是打骂，孩子不知道自己错在哪里，肯定会有逆反心理，下次再遇到这种情况时，在逆反心理的作用下，说不定还会去做，而且有可能变本加厉。

托关系、花钱把儿子送进寄宿学校后，扎晓武爸爸就以为儿子的一切都会由老师来管，自己终于松了一口气。"我没多少文化，不懂得咋管教，也没有时间管他。平时说他，他也不听。听说这所学校管得严，花再多的钱，我也要让他上这所学校，让学校老师替我管教他。""在那里，有老师看着，我放心。"扎晓武爸爸觉得，自己从此轻松了，实际上他是在推卸家长应负的责任。

当扎晓武不适应寄宿学校的生活，哭闹着要回家的时候，面对爷爷奶奶的求情，扎晓武爸爸对他们说的话是："回来了，你们能看住他？"扎晓武的爷爷奶奶和妈妈想了想，觉得管不了，也就罢了。其实，扎晓武的爷爷奶奶和妈妈也是想把孩子送进学校，让学校和老师来管。扎晓武的家人应该明白，任何时候，他们都无法推卸作为家长的那份责任。

本案中，扎晓武妈妈看起来是一个好脾气的人，但细究起来，其实那是毫无原则，对儿子的错误不批评，不教育，时间久了，就使年幼的扎晓武分不清对错。

本案中的被告扎晓武，从小生活在爷爷奶奶和妈妈的溺爱及爸爸的非打即骂中，在冰与火的两重世界里，他分不清对错。不喜欢学习，整天上网玩游戏，也是许多孩子出现问题的前奏，如果再拉帮结伙，那问题就更严重了。拿一位预防未成年犯罪专家的话来说："这样的孩子，一只脚已经踏进了监狱的大门。"她这话说得可能有点夸张，但并非一点道理都没有。像扎晓武这样的孩子，不仅不好好学习，还翻墙跑到外边泡游戏厅、结伙喝酒，他做事前，不是考虑"该不该做"，而是自己"想不想做"。如果他的人生观和世界观不能及时得到纠正，很容易出现这样那样的问题。

本案中的受害女孩邰静绢，从小就是老师和家长公认的好孩子。邰静绢爸爸长年在外地打工，很少回来，父女间的交流和沟通也是缺失的。郐静绢妈妈又总是忙，跟女儿也少有交流。

家庭的原因，造成郐静绢遇到问题时不知如何去处理，而且她性格内向，不懂得拒绝。当扎晓武让郐静绢陪他去酒店拿东西的时候，郐静绢是不想去的，她也看出扎晓武是喝过酒的，因此更不想去。但就因为扎晓武是她的同学和邻居，所以她不好意思拒绝，不好意思说出那个"不"字。郐静绢经不住扎晓武的一再央求，虽然内心非常不想去，但还是跟随扎晓武走了。

其实在现实生活中，有不少这样的女性，她们常常因为不好意思拒绝，一再违背自己的心意。更有甚者，她们把害人者有预谋的侵害行为，误认为是对方喜欢自己的行为。这种女性，一般心地特别善良，处处为别人着想，她们的善良没有了底线。没有了底线的所谓善良，其实已不再是善良，而是是非不分。凡事一旦没有了底线，早晚都会出问题的。害人者发现了被害者的弱点之后，会更加得寸进尺。结果，被害者会在对方挖下的那个坑里，越陷越深，无法自拔。

因此，不管是女孩还是男孩，都要学会拒绝，在某些事情面前，一定要大声说出那个字：不！

后 记

青春是危险的，它特别容易被煽动，打着正义的旗号伤害他人。

——维克多·雨果

出生的时候，你们都是天使！你们挥舞着翅膀，来到了人世。父母亲人从你璀璨如星的眸子里，看到了未来，看到了光明，也看到了希望。

可是孩子，你是在哪一段路上，跌了一跤呢？

是因为无知？

是因为任性？

是因为冲动？

是因为父母师长以爱的名义让你感到被欺骗、被伤害？

是因为缺少了必要的指导与呵护？

还是别的更多更复杂的因素？

是什么，蒙蔽住你的双眼，让你看不清前进的方向。

圆桌对面的孩子·无航道飞翔

一时的迷失，使你找不到回家的路。

曾经，你成了折翼的天使。

孩子，不论是哪种原因让你跌倒了，希望你能坚强，能咬牙爬起来，抹净脸上的泪水，拍打掉身上的泥土，从头再来，重新开始。

亲爱的孩子，可怕的不是曾经的伤痛。只要有决心，有毅力，你一定能重新起飞，在蔚蓝的天空，寻找你曾经失去的梦、失去的爱和失去的自己。

当然，这需要你的坚强、你的毅力、你的决心和你的勇气。

人生的路有坎坷、有泥泞，爱你的人不希望你再次跌倒哟，亲爱的孩子！

任何伤痛，都会痊愈的——只要你正视自己，正视人生，正视前面的路！

许多年后，当你也有了自己的孩子，当你也面对那双同样璀璨如星的眸子时，我希望你能大声并自豪地对他（她）说：

宝贝，你的爸爸（妈妈）曾经跌倒过，但是，我站起来了！宝贝，我可以问心无愧地说，我不是一个让你失望的爸爸（妈妈）！

（书中所有未成年人均为化名）